読書人カレッジ2023

大学生のための本の講座

苅部　直
渡辺祐真（スケザネ）
杉江松恋
温　又柔
長崎尚志
小林エリカ
永田浩三
小林康夫
小山内園子
増田ユリヤ
小松美彦
木村友祐

読書人編集部 編

凡例

・本書で言及される外国人名は、原則カタカナかつ普及している呼称で表記した。また、本文および「読書案内」における「名・姓」「姓・名」の順については、それぞれの文化圏にあわせた。
※但し、索引はすべて「姓・名」の順で表記する。

・読書案内は、講師による指定や一部例外を除き、入手のしやすさを考慮し近年刊行された版や文庫版を優先して選んだ。

・引用文における（ ）や〈 〉などは、文中にて特に明記がない場合、原文表記のままとした。引用文中における省略部分は原則、［中略］で表記した。

・その他、本文におけるウェブサイトは、すべて二〇二四年五月二十九日に最終アクセスした。

はじめに

「読書人カレッジ」は、２０２１年４月にスタートを切りました。公益財団法人日本財団と協働し、大学生の読書活動の推進・支援を目標に立ち上げたものです。「大学生が本を読まない／読む時間がない」と、懸念の声がしばしば囁かれるようになって久しい。実際にアンケートを見てみても、「一日の読書時間が『０分』と回答した大学生が53％に上る」（全国大学生協連（東京）「第53回学生生活実態調査」より）といった数字が明らかになっています。

そうした状況に対して、学生側から「読書はしないといけないの？」という意見もあがりました（「朝日新聞」２０１７年３月８日）。学生曰く、「読書は楽器やスポーツと同じように趣味の範囲であり、読んでも読まなくても構わないのではないか。なぜ問題視されるのか。もし読書をしなくてはいけない確固たる理由があるならば教えて頂きたい」。

本に携わる人間として、この学生に対し応える義務がある。何かしら具体的に行動を起こさねばならない。そんな思いから、読書人カレッジははじまりました。

1年目は本当に試行錯誤、すべてが暗中模索の中、11講座が開かれました。講師を務めていただいた、田原総一朗、小林エリカ、佐々涼子、木村友祐、奥野克巳、長瀬海、温又柔、宮台真司の各氏と、参加いただいた各大学に感謝申し上げます。2年目となる2022年度は、12講座が開かれました。同じく、小林康夫、中島京子、長崎尚志、長瀬海、今福龍太、増田ユリヤ、温又柔、小林エリカの各氏と、参加大学に感謝申し上げます。

そして、2023年度に行った講義の記録が本書となります。参加いただいたのは9大学、総講義数も18講座まで増加しました（総受講者は、およそ1000人に及びます）。講師をご担当いただいた、苅部直、渡辺祐真（スケザネ）、杉江松恋、温又柔、長崎尚志、小林エリカ、永田浩三、小林康夫、小山内園子、増田ユリヤ、小松美彦、木村友祐、綿井健陽の各氏に、この場を借りて、改めて御礼申し上げます（綿井さんの講義は映像資料中心のため書籍には未収録です）。

3年間の活動を通してわかったことは何か。大学生は、決して本を読まないわけではないということです。ほんの少しだけ道筋を示す。あるいは背中を押す。心の中にある読書のスイッチを入れるだけで、目を輝かせ、次々と質問を投げかけてくる。難解な書物であろうとなかろうと強い興味を示し、「ぜひ、読んでみます」と応える。そうした学生の姿を目にできたことは、何よりも嬉しいことです。読書人カレッジをつづけてきてよかった。今後も、さらに講義数を増やし、参加者を募っていく予定です。

最後に、ご協力いただいた大学、関係者の方々、受講された学生のみなさんに、心からの感謝を捧げます。

株式会社読書人

二〇二四年五月

もくじ

第1講◉

明治日本のポピュリズム？

福澤諭吉『学問のすゝめ』第十三編を読む

2023年10月25日　愛知県立大学

苅部　直
政治学者・
東京大学教授

テクストにどう接するか

文系の学問、とりわけ文学や歴史や思想を学ぶ人には、それに応じたテクストの読み方があります。京都大学で長年教鞭を執った中国文学者・吉川幸次郎による『**読書の学**』（筑摩書房）が、そのことをよく教えてくれます。吉川は「フィロロギーによるフィロソフィ」と呼んでいるのですが、フィロロギーとは十九世紀以降のヨーロッパで発達した学問です。日本語では「文献学」、あるいは「言語学」と訳されるもので、研究の対象となるテクストの一語一句、さらに一つ一つのパラグラフについて、様々な角度からその意味を確定・吟味することを方法とします。

たとえば古い時代のテクストであれば、同じ時代の他の文献に、その言葉がどういう意味で使われているか。もしくは、同じテクストの他の箇所ではどんな文脈で使われているか。そうした作業によって、言葉の意味を正確に確定していく。フィロロギーとは、そうやって言葉、文章を解読することを通じて、過去の時代の人々の思想を明らかにする学問です。

これは、単に文章の意味を確認するだけにはとどまりません。言葉を精細に吟味していくことを通じて、著者が本当は何を考えていたのか、また同時代の人々の考え方・感じ方がそこにどんな影響を与えているか。そこまで深く読み解く営みまで含めて、吉川は「読書の学」と呼んでいます。

福澤諭吉『学問のすゝめ』第十三編と対話する

今日は、福澤諭吉の**『学問のすゝめ』第十三編**を取りあげます。この本のように、思想史の古典と呼ばれるようなテクストは、事実を記録した歴史史料とは異なる要素を含んでいます。人間とはどういうものなのか、社会とはどうあるべきなのか。そうした問いを、著者自身が投げかけ、独自の考えに至った思考の過程がそこには示されています。そして、それを読むことを通じて読者もまた、人はどう生きるべきか、望ましい社会とは何かについて、自分の頭で考えるようになる。そうしたテクストとの対話の営みが、「フィロロギーによるフィロソフィ」ということにもなるでしょう。福澤諭吉の『学問のすゝめ』について、そんな読み方を紹介してみましょう。

『学問のすゝめ』は初編から第十七編まで、十七回にわたって刊行されています。初編は一八七二（明治五）年、第十七編は一八七六（明治九）

年刊行です。たった四年ですが、明治の初めですから、その間に大きく時代が変わっている。毎年のように、世の中を変えるような事件が起きていました。思想史の研究では、これを一編ごとに解体して、福澤がその時の問題に対応しながら、どう答えようとしたのかを探る読み方が、現在では主流になっています。

本日取りあげるのは、その**第十三編「怨望**《えんぼう》**の人間**《じんかん》**に害あるを論ず」**です。初刊本は漢字とカタカナで書かれていますが、読みやすさを考慮して、ここで引用している史料（二六－三〇頁参照）はカタカナをひらがなに直し、適宜振り仮名を振っています。また句読点を補い、文章を一部省略しています。

第十三編は一八七四（明治七）年十二月に刊行された作品ですが、実は全十七編の中でも、非常に特異な一編になっています。『学問のすゝめ』は、たとえば初編の冒頭では「天は人の上に人を造らず人の下に人を造らず」と有名な文句を掲げています。身分制を否定し、どんな生まれの人でも、努力すれば、自分の仕事を選び、地位を上昇させることができるような社会をめざそう。そういうメッセージです。『学問のすゝめ』のほとんどの編は、そうしたポジティブなメッセージを述べている。

それに対して第十三編だけは、タイトルを見ればわかるように、「怨望」という人間の情念を批判するという、ひたすらネガティブな内容です。その意味を考えるのが、今日の話の大きなテーマです。

福澤の危機意識

まず、時代背景を説明しましょう。第十三編が刊行される三年前、一八七一年の廃藩置県によって身分制が解体されます。その結果、それまで統治者の位置にあった武士が大量に失業し、さらに秩禄処分も進められ、武士たちの不満が社会にくすぶるようになります。第十三編が刊行された一八七四年の二月には、不平士族たちが佐賀の乱を起こし鎮圧されている。

このように、一八七四年は社会に不穏な雰囲気が立ち込める時代でした。大きな内乱が起こるのではないかという福澤の危機意識が、この第十三編にははっきりと描かれている。同じ年の一月には、板垣退助たちが民撰議院設立建白書を発表しました。ここから自由民権運動が始まりますが、この動きも一面では武士たちの不満を背景としたもので、社会の不穏な空気を強めていく。そうした時期に書かれたのが、第十三編「怨望《えんぼう》の人間《じんかん》に害あるを論ず」です。

この「人間」という漢字熟語を「にんげん」ではなく、「じんかん」と読む場合は、人と人との間ということで、「世の中」を意味します。そしてこれは、英語のsocietyの訳語でしょう。当時は、我々が今普通に使っている「社会」という訳語がまだなかった。

そもそもsocietyという言葉で広い人間社会を表すこと自体、西洋においても、十八世紀以降の重要な思想史的背景があります。societyは、同好会・協会、あるいは社交界といった意味でも使われるように、元来は個人が集まって作った団体、個人と個人のつきあいというニュアンスをもっている。さらに「日本社会」や「アメリカ社会」のような広い範囲の人の集まりも、一人一人の個人によって作られたものと見なし、societyという言葉で表します。そういった近代西洋の新しい考え方を、societyという言葉は反映しているんですね。

しかし、こうしたsocietyのニュアンスをうまく表現できる言葉が、伝統的な日本語、もしくは漢文も含めた東アジアの言語にはなかった。「世の中」や「世間」という言い方は前近代からありましたが、ひとかたまりの漠然とした広がりという印象になってしまい、個人と個人が寄り集まって作っているイメージを伝えられない。そこで福澤諭吉は、明治初期にはこれを「人間交際《じんかん》」や「交際」と表現しました。

「怨望」とは何か

そのもう少し後の時期に、日本では「社会」という訳語が作られます。「結社」や「同好会」といった言葉が示すように、「社」も「会」も個人が集まって作ったグループを表わす、伝統的な漢語です。この二つを組み合わせて「社会」という言葉が作られ、訳語として定着していったのです。

「社会」という単語がまだなかった時代に、この第十三編は書かれているんですね。

ただし、実は第十三編には「人間」について、「にんげん」と読まないと意味が通りにくい箇所もある。そのため、「にんげん」か「じんかん」か考えて、読み分ける必要があります。

凡《およ》そ人間《にんげん》に不徳の箇条多しと雖《いえど》も、其の交際に害あるものは怨望《えんぼう》より大なるはなし。

第十三編の冒頭です。そこから福澤はこう続ける。不道徳な性格や行動の種類はたくさんある。たとえば驕傲《きょうごう》、すなわち驕り威張っていること。粗野であること。固陋《ころう》、すなわち古い習慣や考えに固執して、新しいものを好まないこと。軽薄であること。ところが驕傲という不徳も、状況に応じて適切に抑制されていれば、勇敢という美徳になる。粗野についても同様です。がさつで乱暴な人が、素直でいい人としてほめられる時もある。さらに固陋はじっくりとものを考える実着の徳に転じ、軽薄さは臨機応変に対応できる柔軟な能力にもなる。福澤はそう指摘します。つまり、「何《いず》れも皆働《はたらき》の場所と、強弱の度と、向ふ所の方角とに由て、或は不徳とも為る可く、或は徳とも為る可きのみ」。大体の不徳は、適切に調整したならば、むしろ徳に変えることができる。

ところが、「怨望《えんぼう》」という不徳のみについては次のように言います。

独《ひと》り働の素質に於て全く不徳の一方に偏し、場所にも方向にも拘はらずして不善の不善なる者は怨望《えんぼう》の一箇条なり。

どうやっても徳に変わらない「怨望」とは何か。「怨望は働の陰なるものにて、進《すすみ》て取ることなく、他の有様に由て我に不平を抱き、我を顧みずして他人に多を求め、其の不平を満足せしむるの術は、我を益するに非ずして他人を損ずるに在り」。

「陰」とは、陰陽の二項対立の片方ですが、ここでは陰険や陰惨といったニュアンスでとらえればいいでしょう。つまり、他人がいい境遇にあるのを見て、自分も頑張ろうと思うのではなく、ひたすら悶々として不満に思う。そしてその人を引きずり下ろすことで、満足を得ようとする。

譬《たと》へば他人の幸と我の不幸とを比較して、我に不足する所あれば、我が有様を進めて満足するの法を求めずして、却て他人を不幸に陥《おとしい》れ、他人の有様を下だして、以て彼我《ひが》の平均を為さんと欲するが如し。

つまり、その人の悪口を言い、相手が失却するように仕組んだりする。「彼我の平均を為さん」というのは、自分と同じレベルに落としてやろうとすることです。こうした「怨望」の感情を放置し、そのまま膨らませていると、社会の全体に大きな損失をもたらすことになる。

「怨望」とenvy

「怨望」は、漢籍の古典に見られる言葉ですが、よく使う表現ではありません。福澤が愛用していたアメリカの英語辞典、ウェブスターの*American Dictionary of the English Language*でenvyの項目を引くと、その項目説明をわかりやすい日本語に表現し直すことで、福澤が「怨望」の説明を組み立てたことがわかります。おそらくenvyと発音も似ていることから、「怨望」という漢字熟語を選んだのでしょう。

また、当時の福澤が熟読し、みずからの思想にも取り入れた著作として、十九世紀のイギリスの思想家ジョン・スチュアート・ミルの『**自由論**（**On Liberty**）』があります。この本の中で、ミルはやはりenvyをとりあげ、最も反社会的で恐るべき悪徳と呼び、きびしく警戒しています。そのことに強い印象を受けた結果として、福澤は「怨望」という訳語をあて、それについて『学問のすゝめ』の一編をさいて論じることにしたのでしょう。

騒乱の原因

さらに「怨望は恰《あたか》も衆悪の母の如く、人間《じんかん》の悪事これに由て生ず可らざるものなし」と福澤は言います。「疑猜《ぎさい》、嫉妬《しっと》、恐怖、卑怯の類は、皆怨望より生ずるものにて」。疑猜は疑いのこと。嫉妬は怨望と似ていますが、ただ単に他人と自分とを比べて、「あいつ、うまいことやっているな」と妬むだけの感情です。怨望はそこからさらに進んで、相手を引きずり下ろそうとする情念だということですね。そして「怨望」の負の感情が、「外形」、すなわち社会の広い範囲にむけた行動として爆発したらどうなるか。

徒党、暗殺、一揆、内乱、秋毫《しゅうごう》も国に益することなくして、禍《わざわい》の全国に波及するに至りては主客ともに免るることを得ず。

怨望の感情を満たそうと思って、徒党を組み、暗殺や反乱までをも起こすことになるだろう。そういう状況に陥れば、「主客」すなわち反乱の首謀者たちと、迷惑を被る人との双方にとって、災いしかもたらさない。結局、社会全体にとっての不利益になってしまう。暗殺と一揆は明治の初年にいくつも起きていますし、佐賀の乱という武士の反乱も、当時発生したばかりです。そうした社会の騒乱の背景に、福澤は「怨望」の存在を読み取って、きびしく警戒しました。

暗殺、一揆、内乱は、当時の福澤たちにとっては生々しい現実です。とりわけ、この文章を書いたのと同じ年に佐賀の乱が起きている。かつての地位から追放された武士たちが「怨望」に衝き動かされ、反乱の挙に至った。

民撰議院設立建白書に始まった武士たちの自由民権運動についても、同じ不安を福澤は抱いていたことと思われます。一方では建白書に名を連ねた人々と同じく、国会即開論を当時の福澤は唱えていましたが、他方では民権運動の活動家たちの、もう一度政治権力を握りたいという志向をきびしく批判してもいます。

「怨望」はどうして生まれるのか

このことはおそらく、福澤が「怨望」という言葉を選んだもう一つの理由にもつながっているでしょう。日本で刊行された大型の漢和辞典や、中国の漢語辞典で紹介されている、漢籍の古典における「怨望」の用例をひとつひとつ確認してみると、ほとんどすべてが王朝内部の権力争いに関わるものです。皇帝に仕える臣下が、自分に対する冷遇を恨みに思って反乱を起こしたり、皇帝の暗殺を企てたりする。そういう場合にこの言葉が使われています。政治権力をめぐって肥大してゆく「怨望」の危険な力。それを表現するために、この言葉を用いたとも言えます。

では、この「怨望」という不穏な情念は、どうして生まれるのか。「元来人の性情に於て働に自由を得ざれば、その勢必ず他を怨望せざるを得ず」と、福澤は説明しています。精神の活動の自由を奪われ、自分の思った通りに発言したり行動したりすることが妨げられてしまっている。そういう閉塞状況から「怨望」は生まれる。

その具体例として、読者にとってわかりやすい話として挙げるのが、徳川時代の大名家における「御殿女中」。つまり殿様のそばに仕え、その寵愛を競っている奥女中たちです。ここで女性を例に挙げるのは、現代の価値観からするとやや問題があるかもしれません。しかし、奥女中たちの嫉妬や争いは、芝居などの題材として当時の読者におなじみだったので、この例をとりあげて説明したということなのでしょう。

リベラリズムの提唱

「抑《そもそ》も御殿の大略を云へば、無識無学の婦女子群居して無智無徳の一主人に仕へ、勉強をもって賞せらるるにあらず」。かなり辛辣な表現ですが、知識もない女性たちが、知恵も徳もない大名に仕えている。そうした女性たちは、頑張っても努力が報いられるわけではない。大名に気に入られるかどうか、ひたすら受け身の形で自分の運命が決まってしまう。

ここで使われている「勉強」は、現代日本語での意味とは異なって、努力することを言い表す漢語表現です。彼女たちは福澤の言う「人間《じんかん》外の一乾坤《いちけんこん》」、すなわち広い世の中から切り離された閉鎖空間で暮らしています。これがつまり、精神の「自由」な働きが封殺されてしまった状況です。

そういう所で何年も集団生活を送っていると、どんな状態になるか。

偶々《たまたま》朋輩に立身する者あるも、其の立身の方法を学ぶに由《よし》なければ唯これを羨むのみ。之を羨むの余には唯これを嫉《ねた》むのみ。朋輩を嫉み主人を怨望するに忙《せ》はしければ、何ぞ御家の御ためを思ふに遑《いとま》あらん。

たまたま奥女中の一人が殿様に気に入られ、高い地位に取り立てられることになっても、それにならって出世を目ざすのではなく、その女性をひたすら妬み、自分が冷遇されているとして殿様を恨むようにもなる。その結果として、「御家の御ため」を考えることも忘れ、大名が重い病に倒れても、誰も看病しないまま、お互いの争いにばかり熱心になってしまう。

「右御殿女中の一例を見ても、大抵世の中の有様は推して知る可し。人間最大の禍は怨望に在て、怨望の源は窮より生ずる」と福澤は続けます。「窮」とは先ほど述べたように、人が自由に意見を発表したり行動したりすることができない状態で、これが「怨望」の本当の原因にほかならない。では、どのように対処すればいいのか。「人の言路《げんろ》は開かざる可らず、人の業作は妨ぐ可らず」。ここで言われているのは、現代風に呼べばリベラリズムの提唱です。自由を保障することの重要性について、福澤は当時の普通の人にもわかりやすい形で説明しています。

言論の自由と議会の開設

そして福澤は、英国を引き合いに出す。そこでは、「不徳」の人が多い点に関しては英国も日本も変わりがないと述べています。福澤がしばしば批判されたような、西洋化一辺倒の論者ではないことを示す面白い箇所でもあります。

ただし、「怨望」を上手に封じ込める制度を備えている点に関しては、英国の方がずっと優れていると説きます。「唯怨望隠伏の一事に至ては必ず我が国と趣を異にする所ある可し。今世の識者に民撰議院の説あり、又出版自由の論あり」。英国と違って、当時の日本には議会制度も出版の自由もなかった。それに対して、福澤自身も含めた「識者」が言論の自由と議会の開設を主張しています。

議会が開設され、言論の自由が確立したならば、社会が大きく変わります。人々の「怨望」は、意見を発出し、おたがいに討論する中で、その危険な力を減らしてゆく。「怨望に易《かう》るに活動を以てし、嫉妬の念を絶て相競ふの勇気を励まし、禍福譏誉《きよ》悉《ことごと》く皆自力を以て之を取り、満天下の人をして自業自得ならしめんとする」。人は自由に活動できるようになれば、たまたまその時は不幸な境遇を恨みに思っていても、それは自分の努力が足りないせいだと考えて、積極的にがんばる方に意欲を向けるだろう。

現在の感覚ですと、こうした考えは社会福祉の実施を否定する自己責任論に近いように見えてしまうかもしれません。しかし、当時は身分制がなくなったばかり。自分の努力で生きる方向を決められるという考え方そのものが、まだ斬新だったことを念頭に置いて読むべきでしょう。

制度を支える気風

言論の自由の確立と議会の開設は、法制度・政治制度の改革です。ですが、そこだけに話をとどめないのが福澤の思想の特徴です。そうした制度は、人々の気風や習慣がそれを支えることで、しっかりと社会に根づいてゆく。『学問のすゝめ』第十三編は、最後にそのことを強調します。つまり「人間《じんかん》の交際」において、人々の間のコミュニケーションを活発にしてゆくこと。

物事の相談に伝言文通にて整はざるものも、直談にて円《まる》く治ることあり。又人の常の言に、実は斯《か》くの訳《わけ》なれども面と向てはまさか左様《さよう》にも、と云ふことあり。

伝言や手紙のやりとりでは、おたがいの意図がよくわからない。しかし面と向かっての会話であれば、多少意見が違っても、少しは我慢して、ひとまず相手のいうことを聞いてみる態度が生まれる。場合によっては、自分の意見が変わることもあるかもしれない。

対話がもたらすそうした作用は、「即ち是れ人類の至情にて、堪忍《かんにん》の心の在る所なり」と福澤は言っています。堪忍とは我慢することですが、別な言い方をすれば寛容です。自分と異なる意見についても、とりあえず耳を傾けてみる。そういう態度で他者に接していれば、「情実互に相通じて怨望《えんぼう》嫉妬《しっと》の念は忽ち消散せざるを得ず」ということになるでしょう。

「自由に言はしめ、自由に働かしめ、富貴も貧賤も唯本人の自から取るに任して、他より之を妨ぐ可らざるなり」。人々の活動をできる限り自由にすること。それが、「怨望」の暴発を防ぐ重大な手立てだと指摘して、福澤はこの文章を締めくくっています。

明治時代と現代のポピュリズム

その後の歴史の経過から見れば、福澤のこの提言がすぐに実を結ぶことはありませんでした。三年後、一八七七（明治十）年には西南戦争が起きてしまいますし、議会の開設も一八九〇（明治二十三）年まで待たなければなりません。しかし福澤の議論は、現代にも通じるメッセージを持っていると思います。

現在、リベラル・デモクラシーを危機に陥れるものとして問題視されているのがポピュリズムの現象です。剛腕の政治家が、国民の真の声を実現すると称して、人々を感情的に煽動し反対派を排除する。そういう形で権力を握ろうとするのが、ポピュリズムですね。

それに対し、ドイツ出身の政治学者、ヤン＝ヴェルナー・ミュラーは『**ポピュリズムとは何か**』（岩波書店）で、多様性を尊重し、違った考え方の存在を認めることがデモクラシーの本質だと述べている。違う考え方を黙らせることはせず、あくまでも交渉・説得で物事を決めようとする。時代を隔てながら、福澤の主張と呼応しているように思えます。

しかし、現実の社会で一定の勢力をもっているポピュリストたちと、どう付き合えばいいのか。ミュラーは、ポピュリストと「対話」することが必要だと説きます。この対話するという訳語は、英語版の原文では engage with で、歯車などが嚙みあう様子を表現する言葉です。違った大きさの歯車が一点で嚙み合って、一緒に運動していく。ポピュリストたちが主張する内容にも、人々の真っ当な要求が含まれているかもしれない。そう考えた上で、対応を続けるのが大事だということです。これは、福澤の説く「堪忍の心」にも近い態度でしょう。

他者との対話

古典と呼ばれるような書物に述べられた思想は、その時代を超えたメッセージを必ず持っています。人間が人間である以上、どの時代においても、現代人と同じようなことを悩み、考えている。別の面から言えば、現代人と同じ問題を、異なる角度、枠組で考え論じている。それを読み解くことは、違う考え方をする他者と対話しながら問題を考えることと似てくるでしょう。

過去の思想に触れることは、そうした営みを可能にし、私たちの思考の態度を、より柔軟で寛容なものにします。もちろん必ずしも古典に限らず、現代の書物でもいいので、ていねいな読書を通じて、何か意味のあるメッセージを読み取っていく。そういう営みをしっかりと続けることで、大学生活も充実したものになると思います。

◉史料

福澤諭吉著『学問のすゝめ』第十三編「怨望《えんぼう》の人間《じんかん》に害あるを論ず」 抄録（一八七四年十二月）

凡《およ》そ人間《にんげん》に不徳の箇条多しと雖《いえど》も、其の交際に害あるものは怨望《えんぼう》より大なるはなし。

〔中略〕

驕傲《きょうごう》と勇敢と、粗野と率直と、固陋《ころう》と実着と、浮薄と穎敏《えいびん》と、相対するが如く、何《いず》れも皆働《はたらき》の場所と、強弱の度と、向ふ所の方角とに由て、或は不徳とも為る可く、或は徳とも為る可きのみ。独《ひと》り働の素質に於て全く不徳の一方に偏し、場所にも方向にも拘《かか》はらずして不善の不善なる者は怨望の一箇条なり。怨望は働の陰なるものにて、進《すすみ》て取ることなく、他の有様に由て我に不平を抱き、我を顧みずして他人に多を求め、其の不平を満足せしむるの術は、我を益するに非ずして他人を損ずるに在り。譬《たと》へば他人の幸と我の不幸とを比較して、我に不足する所あれば、我が有様を進めて満足するの法を求めずして、却て他人を不幸に陥《おとしい》れ、他人の有様を下だして、以て彼我《ひが》の平均を為さんと欲するが如し。〔中略〕故に此の輩の不幸を満足せしむれば、世上一般の幸福をば損ずるのみにて少しも益する所ある可らず。

〔中略〕

怨望は恰《あたか》も衆悪の母の如く、人間《じんかん》の悪事これに由て生ず可らざるものなし。疑猜《ぎさい》、嫉妬《しっと》、恐怖、卑怯の類は、皆怨望より生ずるものにて、其の内形に見《あら》わるる所は、私語、密話、内談、秘計、其の外形に破裂する所は、徒党、暗殺、一揆、内乱、秋毫《しゅうごう》も国に益することなくして、禍《わざわい》の全国に波及するに至りては主客ともに免かるることを得ず。所謂公利の費を以て私を逞《たくまし》ふするものと云ふ可し。

〔中略〕

元来人の性情に於て働に自由を得ざれば、其の勢必ず他を怨望せざるを得ず。因果応報の明なるは、麦を蒔《まき》て麦の生ずるが如し。

［中略］

又近く一例を挙て示さんに、怨望の流行して交際を害したるものは、我が封建の時代に沢山なる大名の御殿女中を以て最《さい》とす。抑《そもそ》も御殿の大略を云へば、無識無学の婦女子群居して無智無徳の一主人に仕へ、勉強を以て賞せらるるに非ず、懶惰《らんだ》に由て罰せらるるに非ず、諫《いさめ》て叱らるることもあり、諫めずして叱らるることもあり、言ふも善し言はざるも善し、詐《いつわ》るも悪し詐らざるも悪し、唯朝夕の臨機応変にて主人の寵愛を僥倖《ぎょうこう》するのみ。其の状恰も的《まと》なきに射るが如く、中《あ》たるも巧なるに非ず、中たらざるも拙なるに非ず、正に之を人間《じんかん》外の一乾坤《いちけんこん》と云ふも可なり。此の有様の内に居れば、喜怒哀楽の心情必ず其の性を変じて、他の人間世界に異ならざるを得ず。偶々《たまたま》朋輩に立身する者あるも、其の立身の方法を学ぶに由《よし》なければ唯これを羨むのみ。之を羨むの余には唯これを嫉《ねた》むのみ。朋輩を嫉み主人を怨望するに忙《せ》はしければ、何ぞ御家の御ためを思ふに遑《いとま》あらん。忠信節義は表向の挨拶のみにて、其の実は畳に油をこぼしても、人の見ぬ所なれば拭ひもせずに捨置く流儀と為り、甚しきは主人の一命に掛る病の時にも、平生《へいぜい》朋輩の睨合《にらみあ》ひにからまりて、思ふままに看病をも為し得ざる者多し。尚一歩を進めて怨望嫉妬《しっと》の極度に至ては、毒害の沙汰も稀にはなきに非ず。古来若し此の大悪事に付き其の数を記したる「スタチスチク」の表ありて、御殿に行はれたる毒害の数と、世間に行はれたる毒害の数とを比較することあらば、御殿に悪事の盛なること断じて知る可し。怨望の禍《わざわい》豈《あに》恐怖す可きに非ずや。

右御殿女中の一例を見ても、大抵世の中の有様は推《お》して知る可し。人間最大の禍は怨望に在て、怨望の源は窮より生ずるものなれば、人の言路《げんろ》は開かざる可らず、人の業作は妨ぐ可らず。試に英亜諸国の有様と我が日本の有様とを比較して、其の人間《じんかん》の交際に於て孰《いずれ》かよく彼《か》の御殿の趣を脱したるやと問ふ者あらば、余輩は今の日本を目《もく》して全く御殿に異ならずと云ふには非ざれども、其の境界《きようがい》を去るの遠近を論ずれば、日本は尚これに近く、英亜諸国は之を去ること遠しと云はざるを得ず。英亜の人民、貪吝驕奢ならざるに非ず、粗野乱暴ならざるに非ず、或は詐る者あり、或は欺く者ありて、其の風俗決して善美ならずと雖《いえ》ども、唯怨望隠伏の一事に至ては必ず我が国と趣を異にする所ある可し。今世の識者に民撰議院の説あり、又出版自由の論あり。其の得失は姑《しばら》く擱《お》き、元と此の論説の起こる由縁《ゆえん》を尋るに、識者の所見は蓋《けだ》し今の日本国中をして古《いにしえ》の御殿の如くならしめず、今の人民をして古の御殿女中の如くならしめず、怨望に易《かう》るに活動を以てし、嫉妬の念を絶て相競ふの勇気を励まし、禍福譏誉《きよ》悉《ことごと》く皆自力を以て之を取り、満天下の人をして自業自得ならしめんとするの趣意なる可し。

人民の言路を塞ぎ其の業作を妨るは専ら政府上に関して、遽にこれを聞けば唯政治に限りたる病の如くなれども、此の病は必ずしも政府のみに流行するものに非ず、人民の間にも行はれて毒を流すこと最も甚だしきものなれば、政治のみを改革するも其の源《みなもと》を除く可きに非ず。

［中略］

元来人の性は交《まじわり》を好むものなれども、習慣に由れば却て之を嫌ふに至る可し。

〔中略〕

人間の交際に於て、相手の人を見ずして其の為したる事を見るか、若しくは其の人の言を遠方より伝へ聞て、少しく我が意に叶《かな》はざるものあれば、必ず同情相憐《あわ》れむの心をば生ぜずして、却て之を忌み嫌ふの念を起し、之を悪《にく》て其の実に過ぐること多し。此れ亦人の天性と習慣とに由て然るものなり。物事の相談に伝言文通にて整はざるものも、直談にて円《まる》く治ることあり。又人の常の言に、実は斯《か》くの訳《わけ》なれども面と向てはまさか左様《さよう》にも、と云ふことあり。即ち是れ人類の至情にて、堪忍《かんにん》の心の在る所なり。既に堪忍の心を生ずるときは、情実互に相通じて怨望嫉妬《えんぼうしっと》の念は忽ち消散せざるを得ず。古今に暗殺の例少なからずと雖《いえ》ども、余《よ》常に云へることあり、若し好機会ありて其の殺すものと殺さるる者とをして数日の間同処に置き、互に隠くす所なくして其の実の心情を吐かしむることあらば、如何なる讐敵にても必ず相和するのみならず、或は無二の朋友たることもある可しと。

右の次第を以て考れば、言路を塞ぎ業作を妨ぐるの事は、独《ひと》り政府のみの病に非ず、全国人民の間に流行するものにて、学者と雖ども或は之を免かれ難し。人生活潑の気力は、物に接せざれば生じ難し。自由に言はしめ、自由に働かしめ、富貴も貧賤も唯本人の自から取るに任して、他より之を妨ぐ可らざるなり。

※本文は適宜割愛し、漢字・読み仮名は読みやすいよう補った。

★かるべ・ただし＝東京大学法学部教授・日本政治思想史。東京大学大学院法学政治学研究科博士課程修了。『丸山眞男――リベラリストの肖像』でサントリー学芸賞受賞。著書に『安部公房の都市』『歴史という皮膚』『小林秀雄の謎を解く――『考へるヒント』の精神史』など。一九六五年生まれ。

読書案内

▼講義で中心に扱った本

福澤諭吉『学問のすゝめ』小室正紀・西川俊作編、慶應義塾大学出版会、二〇〇九年

福澤諭吉『現代語訳　学問のすすめ』伊藤正雄訳、岩波書店、二〇一三年

▼テクストとの対話の営みを考える

吉川幸次郎『読書の学』筑摩書房、二〇〇七年

▼「自由」とポピュリズムに関して

J・S・ミル『自由論』関口正司訳、岩波書店、二〇二〇年

ヤン＝ヴェルナー・ミュラー『ポピュリズムとは何か』板橋拓己訳、岩波書店、二〇一七年

第2講◉

書くことを仕事にしたい人のための読書術入門

2023年6月16日　明治大学図書館

渡辺祐真（スケザネ）
文筆家・書評家・書評系 YouTuber

そもそも書く仕事ってなに？

こんにちは、渡辺祐真（スケザネ）です。ゲーム会社でシナリオライターとして働きながら（二〇二三年八月退職）、並行して書評家／書評系YouTuberとして、本の紹介をする仕事をしています。本日は、今すぐ使える、書くための読書術についてお話ししたいと思います。

一口に「書く仕事」と言ってもいろいろありますよね。僕はゲームのシナリオライターであり、書評家ですが、他に小説家、エッセイスト、映画やアニメ、ドラマの脚本家、放送作家や新聞・雑誌記者、あるいは研究者も、論文や本を執筆するなど、書くことから離れられない職業です。

おそらく、この場にいるみなさんは、書くことに関心があるのだと思いますが、まずは自分がどういう「書く仕事」をしたいのかを具体的に考えてください。

自分がしたい「書く仕事」をイメージする！

それを踏まえたら、次に考えるべきは、その仕事をするために必要な「書く場所」と「書くチカラ」です。

「書く場所」について、僕個人の話から始めます。会社員としてゲームシナリオライターをしているので、書く場所を手に入れるためにしたことは就活でした。エントリーシートを出し、課題を解き、面接を突破しました（ちなみに入社の段階では、書くチカラはほとんど持っていませんでした）。もう一つの書評家の仕事は、YouTubeという場での発信から始めて、仕事を広げていきました。

以上は個人的な話でしたが、小説家を目指すなら、デビューするために新人賞に応募するということになるでしょう。文学賞は各出版社が実施しているものの他、地方自治体主催のものなどもあります。自分はどこからデビューしたいのか、あるいはどこなら自分の作品を評価してくれそうか、考えてください。

書くチカラについてはあとで詳しく説明しますが、たとえば小説家の場合は感動させたり、楽しませる言語運用能力が求められます。あるいは新聞記者であれば、わかりやすく正確に伝える力。それぞれの仕事によって、必要となる書くチカラも千差万別です。

以上のように、自分がしたい書く仕事とはどんなものか。そのために必要なチカラとは？　場所とは？　具体的にイメージしてみてください。

書くチカラを磨くには

これはズバリ、結論から言いましょう。上手なインプットをするべし！　これに尽きます。

僕はゲームシナリオライターという仕事に就く以前は、物語を書いたことがありませんでした。同僚には有名なシナリオライターもいますし、有名なゲームを手掛けた人もいます。そういう人たちを見て感じた、プロとアマの違いは「インプットの仕方」です。

その違いは突き詰めれば量なのか？　確かにいい作品を作る人たちは、よく映画を見ているし、よく小説を読んでいます。ただ誰にも同じように一日は二十四時間しかありません。それに皆さんも日頃からアニメを見たり、ドラマを見たり、漫画を読んだりしているでしょう。となると、量は本質的な要素ではないはずです。では、何が違うのか。それは、必要に応じて、参考にできる物語をいかに引き出せるか、その引き出し力にあるのです。

実体験に沿って詳しく説明します。この仕事に就いて間もない頃は、話をゼロから考えていました。全くのオリジナルなものを目指していました。でもそれだと、大抵つまらないものしか出てこないんです。僕の頭の中からひねり出すようなものは、既に公開されているものに届きません。

では先輩方はどうしているのか。あの話をモデルにしたらいいのではないか、あの映画の泣かせ方が合うんじゃないか、などと既存の作品から、具体的に適切に素材を取り出すのです。たとえば泣ける話を作ろうと思っても、泣ける話にもいろいろありますよね。家族愛で泣かせるのか、大事な人との死別なのか、夢に挫折して涙するのか。何歳ぐらいの、どんな人が、どのような立場で泣くのか。千差万別です。そこを突き詰めて考えるために、ピッタリの素材が出せるかどうか、ということです。

こんなことがありました。僕は芥見下々さんの漫画『**呪術廻戦**』が好きなのですが、ある会議で、七海建人というキャラクターがどのように呪術師という職業に就いたのか、その部分を膨らませたらもっと面白くなりそうだ、という話になりました。僕もそのシーンが好きだったのですが、ただいいシーンだなぁと思っていただけだった。同じシーンを、僕は感動して見ていただけ。一方、自分が作品を書くことを意識しながら見ている人がいた。

書く仕事をする人たちは、いろいろな物語をインプットしています。ただし、ただ漫然と取り込んでいるのではなく、必要に応じて取り出して、参考にできるようなインプットの仕方をしているんです。皆さんも日頃、いろいろなものを読んだり見たりしているのですから、これは意識のもち方次第で、たった今からでも始められる読書術だと思います。

書評家とはなにか

僕のもう一つの仕事である、書評家についてもお話ししましょう。そもそも書評家とはなにか。簡単に言えば、本を紹介する仕事です。新聞や雑誌などの媒体で、だいたい一〇〇〇字から二〇〇〇字ぐらいで、本の粗筋や読みどころ、意義などを紹介します。

書評の仕方もまた、評者によって千差万別なのですが、一冊の本を紹介するために、既存の別の本や別の論述と比較対照しつつ、読解を深めるというある種の「型」はあります。プロの書評家たちはそうした比較のための素材をいろいろもっています。でも、それだけでなく、必要に応じて論点や論を取り出し、対象となる書籍を的確に評することができる。素材の取り出し方と、論点の導き方がうまいんです。

この技を摑むにはどうしたらいいかというと、案外簡単です。いいと思う書評があったら、それを盗んでください。

書評の書き方について、僕は誰に習ったわけでもなく、他の人の書評を真似ることで学びました。いい書評に出会ったら、まずそれをしっかり読むこと。どういう流れで、どんな論点を用いて本を紹介しているのか。なるほど、まずは粗筋を書くんだな。その中でも特によかったポイントを具体的に抽出して、さらに普遍的な話に繫げていき、読んでみたいと感じさせるところで終わるんだなとか。しっかり読むことで、型が見えてくる。それを盗んで、自分のものにして使う。書評についてもゼロから書くのではないということなんです。シナリオライターにも書評家にも共通するのが、取り出すためのインプットを心がける、ということです。

自分なりのインプットの視点

でもそうは言われても、何を取り出せばいいのだろう……と思いますよね。

それを知るためには、とにかく一度書いてみる。そうすることで、インプットするための視点を得ることができます。小説でも書評でも脚本でも、自分が書きたいものをとにかく書いてみる。すると大抵、途中で筆が止まります。なんか上手く書けないな……と。

僕は小説を書いていた時期があるのですが、たとえばミステリーの犯人を、犯人だと明かさず登場させる場面、これがうまく書けなかった。あざとくなるというのか、犯人と思われないように書き過ぎて、逆に絶対にこいつが犯人だろ、とバレてしまうみたいな（笑）。

そんな時、たとえば東野圭吾さんはどのように犯人を自然に登場させているのかなと、作品にあたってみるんです。受験期に、テストで一度間違えた問題の方が頭に刻み込まれるという経験をしたことはありませんか。それと似ていて、実際に書いて筆が止まるという経験をしたからこそ、漫然と読んでいたときとは違い、見えてくることがあります。

明確な課題を抱えた状態とは、自分の中にフックができるということです。自分なりのインプットの視点＝フックがあると、作品を読んだり見たりしたときに、そこに自分が書くために必要なものが引っかかってくる。フックをたくさん設けることができれば、向こうからどんどん引っかかってくるようになります。上手にインプットする視点＝フックを得るために、まずは一度書いてみることをお勧めします。

書くチカラとは、インプットしたものを適切に取り出す能力

書く↓詰まる↓書けない↓どうして書けないんだろう↓足りないものを洗い出す↓そのことを念

頭にインプットする↓フックに引っかかってきたものを使って、また書き出す↓また詰まる↓また書けない↓足りないものを洗い出す↓そこをフックにインプットする↓フックに引っかかってきたものを使って書き出す↓詰まる……。

書くとはこの繰り返しです。この仕事を続ける限り、一生この繰り返しではないかと思います。ここまでの話をまとめると、書くチカラとは、インプットしたものを適切に取り出す能力である、ということです。

ゼロから、全くのオリジナルを書こうとしなくていい。そのまま盗作するのは絶対にダメですが、自分なりのフックに引っかかってきたものを自分の中に取り込み、自分のかたちに変えることができれば、それはもう、あなたの独創性です。初めからオリジナルを目指さなくていい。既存の作品をインプットして、真似して、そこから自分の作品を生み出してください。このインプットの方法にこそオリジナリティがあるのだと、胸を張っていいんです。

読むから書くへ

インプットのために「読む」という話をしました。ここから「書く」へ橋渡ししていきたいと思います。読むとは基本的に受動的な行為です。そして書くとは能動的な行為ですよね。ここに橋渡しできるように、というのが今日のポイントです。この講座は「読書術」と銘打っている通り、手軽なインプットの手段として本を取り上げます。なぜ敢えて本なのか、その利点を挙げてみますね。

まず、情報量に対して値段が安い。信頼性が高く網羅性がある。さらに情報を短時間で得られる。そうした点から、何かを知ろうとするときに、本が一番の近道だと僕は思っています。コンテンツの量では、動画も負けていないかもしれませんが、本には自分のペースで向かい合えるというよさがあります。動画だって倍速再生できるよと、思うかもしれません。でも本は書き込みできるし、この一節の意味は何だろうと立ち止まったり、気になるところに印をつけておいて後でまた戻ったり、自分のペースで、自在に、情報をきちんと手に取ることができます。

したがって、読書は自分なりの呼びかけで立ち上げる行為、すなわち「能動」の始まりです。書くという能動的な行為へ向かうために、主体的に読む、能動的に読む。

しかし、本はとにかくたくさん数がありますよね。その中からどのように選べばいいのか、と悩んでしまうかもしれません。

本は目移りしていい

解決法は単純ですが、とりあえず本屋に行こう！　これにつきます。何を選んでもいいです。面白そう、表紙が気に入った、タイトルが気になる……理由は何でもいい。Amazonレビューとか評判は、あんまり気にしなくていいです。書店の中でどこに向かうべきかわからない人は、まず新書と文庫の棚に行ってみましょう。値段はだいたい一〇〇〇円前後。学生にも少し頑張れば買える値段だと思いますし、古書でもいいです。気になるテーマがあるならば、ネット書店で当たりをつけるのでもいい。買うのが難しければ、図書館で借りてもいい。皆さんが通っている大学には立派な図書館がありますよね。社会人になると痛感しますが、これは得難いことなんですよ。

そして、とにかく読もう！　どんなタイプの「書く仕事」をするにしても、本を読むことは必須になります。手に入れて、すぐに読めないとしても、見えるところに置いておく。ちょっと読んでみて、自分には難しいと思えば、読むのを止めても構いません。理解できないのは、ひとまず著者のせいにしましょう。相性もありますし、入門書かと思ったら実際は専門的な本だったということもあります。

ただ、そのテーマが自分にとって重要に思えるものだったら、同じテーマの別の本を、いくつか読んでみることをお勧めします。僕は大学生のとき、社会学という学問がよくわからなくて、「社会学」と名のつく本を二〇冊ぐらい、借りたり買ったりして読みました。そうして何冊か読んでいくと、自分の頭の中に、自分だけの「社会学」ができ上がっていった。そういう経験があります。何冊か読んでもわからなければ、そのときは謙虚になって、もっと基本的なところから学び直す必要があるかもしれません。

本はめいっぱい目移りして構いません。最後まで読み終わっていなくても、別の本に手を伸ばしていい。とにかくたくさんの本に触れてください。読んだらSNSなどで発信してみるのもいいですね。発信を前提にすると、ただ漠然と読むのとは違う視点が加わります。読んだら発信する、これは具体的な「読む」から「書く」への第一歩になりますね。

軸となる本から「自分だけの地図」を

僕は劇的な人生を送ってきたわけではなく、特別に書き残すような経験もない。人より詳しい専門性ももっていません。となると、外から取り込まなければ何も書けない。書く仕事を続けるには、自分なりにたくさん本を読むしかない、と思っています。読む行為から書く行為が始まるという点から言うと、一冊の本をどれだけ丁寧に読んでも、そこから独創的なものを生み出すのは難しいことです。

ですから次に、「軸となる本を選ぶ」という提案をしてみます。文字通り、何か一冊を定めて、自分なりにその本から読書を広げていくという方法です。

僕の場合は、**『人間の建設』**（新潮社）という本でした。いかめしそうな爺さんが二人、表紙に並んでいます。評論家の小林秀雄と数学者の岡潔という人物で、この二人の対談が収録されています。しかし、これが何を言ってるのか、さっぱりわからない。高校のときに塾の先生から、「いい本なので読んでみたら」と薦められて、僕はその先生が言うなら読んでみるか、と思ったんです。が、全く理解できなかった。

困っていたところ、「岡さんにはエッセイ集もあるよ、そっちの方がわかりやすいんじゃない？」と、岡潔**『春宵十話』**（光文社）という本を教えてもらいました。読んでみると、確かに『人間の建設』よりは

わかりやすかった。

そんなふうにして僕の中に、岡潔という人物名がインプットされました。「岡潔」というフックができたため、それからしばらく経って、岡潔について論じた『**数学する身体**』（新潮社）の情報が引っかかってきました。森田真生さんという数学者が書いた評論ですが、これがものすごく面白かった。そこからもっと数学について知りたいと、数学関連の本に手が伸びていったのです。

そこから二人が影響を受けた人……同時代に活躍した人は誰だろう。調べたところ、ノーベル物理学賞を受賞した湯川秀樹や朝永振一郎と交流があったことがわかり、湯川秀樹・小林秀雄著『**人間の進歩について**』（新潮社）や、朝永振一郎著・江沢洋編『**量子力学と私**』（岩波書店）なども読みました。

『人間の建設』の初版は一九六〇年代です。僕がこの本を知ったときには既に、小林さんも岡さんも亡くなっていました。それで本を読みながら、彼らが生きたのはどんな時代だったのだろうと考えました。

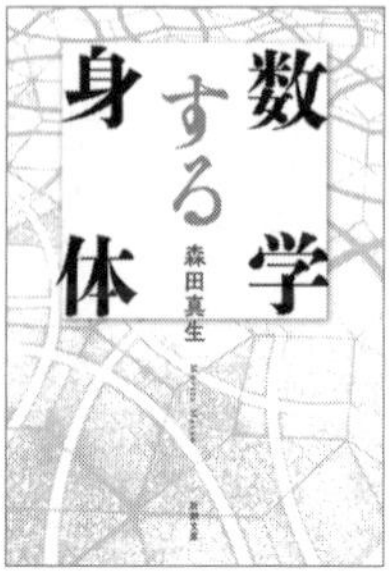

一九六〇年頃には、たとえば大学紛争や日米関係の変化もありました。そうした時代に関連して栗原彬編『**ひとびとの精神史　第3巻　六〇年安保　1960年前後**』（岩波書店）や福田和也著『**悪と徳と岸信介と未完の日本**』（扶桑社）なども読み、本から本へ、僕だけのマッピングができていったのです。

『人間の建設』はとても売れた本なので、読んだ人はたくさんいると思います。でもそこから『春宵十話』へいき、『数学する身体』にハマって、数学関連の本へ興味が膨らみ、一九六〇年代の本を手に取ったのは僕のオリジナルです。

このように自分なりに本から本へ向かうその選択が、能動性を帯びていることに気づいたでしょうか？　本を一冊読むだけではまだ受動的な行為ですが、このテーマをもっと知りたい、関連する本を探そうと思うとき、その心の動きが能動の第一歩です。軸となる本から、少しずつ違う本へと興味が広がっていくことで、自分なりの視点で物を見ることができていくのです。

まずはインプットのための、自分なりのフックを持つこと。そしてそこから自分なりの興味と切り口で、本から本へ紐づけを行っていくこと。そうすることで、あなただけのテーマが立体的に浮かび上がる。そして自分だけの地図を使って、書き始めることができる。書くという能動的な第一歩が始まります。

実践編！　能動的読書の方法と実例

次は実践編ということで、『人間の建設』から僕が何を考えたのかを、お話ししようと思います。先ほど言ったように、この本では、小林秀雄という日本を代表する批評家と、岡潔という日本数学史で最高の数学者が「雑談」をしています。

しかし、並みの対談ではない。当時の僕には、何を言っているのか、簡単に理解できる内容ではなかった。学問、芸術、酒、現代数学、アインシュタイン、俳句、素読、本居宣長、ドストエフスキー、ゴッホ、非ユークリッド幾何学、三角関数、プラトン、理性……主題は激しく変わっていきます。

内容は理解できなかったけれど、この本によって僕の中にいくつものフックが作られることになりました。そして小林秀雄や岡潔の、他の著作を読むことで、少しずつ『人間の建設』で語られている内容についてもわかることが増えていった。

たとえば二人は、「芸術が悪くなってきている」という話をしています。岡は「個性の働きを持たなければ芸術品はつくれない、と考えていろいろやっていることは、〔中略〕いい絵がだんだんかけなくなっている原因の一つと思います」と言っている。小林は「いまの絵かきは自分を主張して、物をかくことをしないから、それが不愉快なんだな」とまで言います。絵かきが自分を主張して何がいけないのだろう、と当時の僕は不思議に思いました。

もう少し読んでいくと酒も悪くなってきていると言い、岡は「日本は個性を重んずることを忘れてしまった」と。このあたりで、どうも彼らの言う「個性」とは、僕たちが一般的に使う意味とは違うらしいぞ、と気づきます。

さらに小説の話となります。小林は「絵と同じです。個性をきそって見せるのですね」。岡は「世界の知力が低下しているという気がします」「物を生かすということを忘れて、自分がつくり出そうというほうだけをやりだしたのですね」と続けます。自分の個性ばかりを発揮して絵や小説を作ろうとしている。本能や自我、個性を押し出すことが知力や芸術を低下させている。

つまり二人が求めているのは、ゼロから個性を発揮することではなく、いろいろなものを取り入れて、それを自分の中に活かすことなのではないか。はじめは、二人が何を伝えたいのかさっぱりわかりませんでした。でも、別の著作も読む中でだんだんと、そのように考えるようになったんです。今日の話と重なる部分が見えてきたでしょうか。彼らの言う「物を生かす」とは、僕の言葉に置きかえると、「インプットしたものを使う」ということです。

自分の中にフックを作る

では、具体的には、どうすればいいのか。二人は「問題を出す」ことが重要だと言っています。「問題をうまく出せば即ちそれが答えだ」と。岡は『春宵十話』で「自然に従う」という話もしています。「数学者は種子を選べば、あとは大きくなるのを見ているだけ」。つまり、自分の中に良い問題意識さえあれば、がむしゃらに答えを得ようとしなくても、おのずと答えがやってくる。待つことが大事だ。待っているうちに、問いの方からヒントを与えてくれて、答えに一歩ずつ近づくことができる、と。

これは僕が話した言葉では、「フック」にあたります。自分の中にある問題、テーマがある。あるいは、こんなフックをもっている。そうなれば、対象の方から飛び込んできてくれる……というわけです。逆に問いやフックがないと、せっかく入ってきたものが、留まらずに流れていってしまう。自分にとって切実な問題、自分なりの価値観や問いがあってこそ、引っかかって残るということです。

小林秀雄は『**学生との対話**』（新潮社）という本の中で、「考える」ことについて語っています。「〈考える〉ことを、昔は〈かむかふ〉と言った」のだと。最初の「か」は意味をもたない語で、「む」とは身、「かふ」は交わす、を意味します。「考えるとは、〈自分が身をもって相手と交わる〉こと」「対象と私がある親密な関係に入《い》り込むことが、考えることなのです。人間について考えるというのは、その人と交わることなのですよ」と小林は言うんです。

友達や恋人、家族などと共に過ごし、親密になること。それと同じように、考えるというのは、つきあうということだ、と。つまり、対象を本当に理解したり、何事かをなすためには、対象とじっくりつきあうことが必要だということです。まずはインプットのためのフックを作ること。岡の言い方では、種子を選んでおくこと。そして、じっくりじっくり待つ。そのようにして対象と向き合っているうちに、自ずと答えが見つかる。

今日お話ししたことの、実行のハードルは決して高くありません。ただこれを今日から始めて一年、二年と蓄積していくのか、いかないのか。書くことを仕事にするために、そこが分岐点になると思います。

◉質疑応答

Q1　小説を書きたいのですが、語彙が足りなかったり、テーマ性が欠けていると思えて、なかなか書けません。何から手をつけたらいいでしょうか。

先ほど話したように、とにかくいろいろ読んで、自分の地図を作っていくことですね。僕も書くチカラは持っていませんでした。でも、とにかく書いてみること。そしてたくさん読んで、軸となる一冊を見つけてください。どんな本でもいいです。そこから自分なりに広げていく。その過程で、何が欠けているのかも、具体的にわかってくると思います。

Q2　ゲームのシナリオ作りの盲点を教えてください。

書き過ぎてしまうことです。ゲームのシナリオは、映画やアニメと違って、穴がないといけない。ゲームはプレイヤーが操作することで完成するので、物語を完璧に作ってしまうと、窮屈で仕方なくなる。

たとえば、『ゼルダの伝説　ティアーズ オブ ザ キングダム』やその前身の『ゼルダの伝説　ブレス オブ ザ ワイルド』は、ほとんどストーリーがありません。プレイヤーの体験を大事にしているんです。物語を作り過ぎず、かつプレイヤーが動きやすいようにする、この塩梅が重要です。

Q3　図書館で本を借りても、内容を理解しようと思うとスピードが遅く、いつも読み切れずに返却期

限がきてしまいます。スピードと内容理解を同時に求めるときに、意識していることはありますか。

読み切れなくても別にいいんですよ。スピードを重視して内容理解が疎かになったら本末転倒です。僕も書評の締め切りが迫ってくると、何とか早く読もうとして、結局一回ではわからなくて、三回、四回と読むことになったりする。だったら、最初からゆっくり読んだ方がよかったのではと思うこともしばしばあります。強いて言えば、先ほど話した自分なりのフックができてくると、自分にとって重要な観点が引っかかってくる。すると、理解しながら少しずつ早く読めるようになってくるかもしれませんね。

Q4　忙しい中で、本を読む時間はどのように確保していますか。

移動時間や待ち時間などにも電子書籍とか、本を写メしておくとか、いろいろな方法で読むようにしています。あとは短歌や和歌も好きなので、数首を暗記しておいて、電車の中で諳んじたり、そういうかたちの「読む」時間も作っています。

Q5　特に気に入っている書店はありますか。

僕はだいたい週に一度、書店めぐりをするのですが、まずは神保町の東京堂書店です。目利きの店員さんがいて、良書が平積みされているんです。それから日本有数の大型書店である池袋のジュンク堂書店、新宿の紀伊國屋書店、東京駅の丸善など。たいていの本が手に入ります。

規模は小さいけれど、店主のこだわりが光る個人書店では、赤坂の双子のライオン堂や、高円寺の蟹ブックス。こうした書店の店主は、自分でも本を書いていたり、イベントをおこなったり、そういう別の刺激も受けます。彼ら／彼女らの選書を知るために、よく立ち寄っています。

Q6　インプットのための材料は日常にある全てのもの、たとえば街を歩いて目にした風景などでもいいのでしょうか。

本や映画に限らず、広い意味で、すべてのものから「読んで」ください。人々の気持ちや周囲の反応を推し量ることを「空気を読む」と言いますが、空気のような見えないものまで、私たちは読んでいるんです。人間関係の機微でもいいし、絵画を見ることも、比喩的には、読む行為と言っていいと思います。

ライターの古賀史健さんの**『取材・執筆・推敲　書く人の教科書』**（ダイヤモンド社）は、ライターのためのすぐれた入門書です。物を書く人が、この世界の全てから材料を拾い、読み取って自分の中に取り込み、それをいかにアウトプットしているのか、よくわかる本です。興味がある方はぜひ、手に取ってみてください。

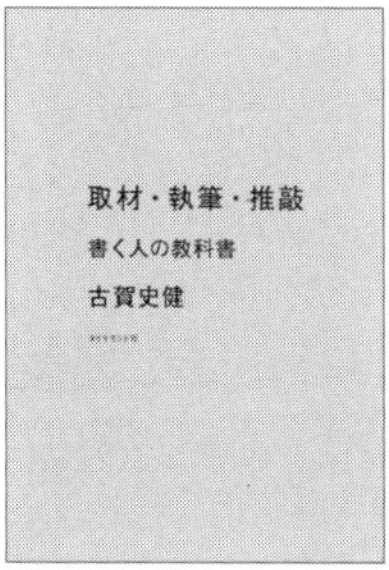

あとは、身も蓋もないですが、本を読む手段は本だけではないのも大事です。オーディブルのように本の読み上げもあれば、本の内容について解説してくれるような動画もあります。そういうものだけにな

ってしまうと問題ですが、補助として積極的に使うのはおすすめです。時間がないときや家事をしているときなどにも、本の世界に触れられます。

★わたなべ・すけざね＝ゲーム会社でシナリオライターとして勤務する傍ら、二〇二一年から文筆家、書評家、書評系YouTuberとして活動を開始。現在は退社してフリー。著書に『物語のカギ 「読む」が10倍楽しくなる38のヒント』、編著に『みんなで読む源氏物語』、共著に『吉田健一に就て』など。YouTubeチャンネル「スケザネ図書館」(https://www.youtube.com/channel/UCLqjn__t2ORA0Yehvs1WzjA)では、多数の動画を公開している。一九九二年生まれ。

読書案内

▼祐真（スケザネ）さんの読書地図

【入り口】

小林秀雄・岡潔『人間の建設』新潮社、二〇一〇年

岡潔『春宵十話』光文社、二〇〇六年（ＫＡＤＯＫＡＷＡ、二〇一四年）

↓**【同じ著者の他の作品を読んでみる】**

二人の著作いろいろ（例えば小林秀雄『考えるヒント』、岡潔『春風夏雨』など）

↓

【この人はどんな人？】

森田真生『数学する身体』新潮社、二〇一八年

↓

【同時代に活躍した人は？】

湯川秀樹・小林秀雄『對話　人間の進歩について』新潮社、一九四八年

朝永振一郎著・江沢洋編『量子力学と私』岩波書店、一九九七年

↓

【彼らが生きた時代について】

栗原彬編『ひとびとの精神史　第3巻　六〇年安保　1960年前後』岩波書店、二〇一五年

福田和也著『悪と徳と　岸信介と未完の日本』扶桑社、二〇一五年

↓

【考えることとは】

小林秀雄『学生との対話』新潮社、二〇一七年

▼ライターを目指す人へおススメの参考書

古賀史健『取材・執筆・推敲　書く人の教科書』ダイヤモンド社、二〇二一年

第3講◉

2023年10月20日　明治大学図書館

書評のために読み続ける　その本に選ばれるために

杉江松恋
書評家

書評は「読むという行為を応援する」もの

書評家の杉江松恋です。

私の役割は、書評というジャンルを通じて読書を考えることです。そこで、書評そのものを私がどのように考えているのか、まずは明らかにしておきたいと思います。書評家・豊崎由美さんは、『ニッポンの書評』（光文社）の中でこう述べています。

「わたしはよく小説を大八車にたとえます。小説を乗せた大八車の両輪を担うのが作家と批評家で、前で車を引っ張るのが編集者（出版社）。そして、書評家はそれを後ろから押す役目を担っていると思っているのです」。

これは書評に対する一つの考え方です。書評は、自分自身で何かを作り出すというよりは、読むという行為を応援する。そういう意味合いが強いものなんですね。

もう一つ、書評について言っておくべきことがあります。書評と読書感想文の違いです。みなさんの中には、小学校から中学校にかけて読書感想文で苦い経験をしたという方もいるかもしれません。読書感想文は、今やフォーマットみたいなものも流通するようになっていて、「良い子の読書感想文」が評価される傾向さえあるかと思います。

しかし、そういった読書感想文と書評では、大きく異なる点がある。書評は、内容紹介を明らかにしなければならないんです。その本のあらすじをはっきり明確に伝えることが、書評の本分であり中心です。

書評における三つの重要な要素

丸谷才一編著**『ロンドンで本を読む』**（マガジンハウス）には、書評の条件が定義されています。実は書評文化が発達したのは、一九世紀から二〇世紀にかけてのイギリスなんですね。新聞に書評が載るという文化が最初に定着したのもイギリスで、この本は、その本場であるロンドンの新聞媒体に載った書評を中心に紹介したアンソロジーです。図書館で見つけたら、手に取ってみてください。

丸谷先生は序文で、書評の短い歴史について述べた後、その歴史ゆえに書評には三つの条件が必要だろうと述べる。書評はなぜ発達したか。これはですね、意外なことに社交界の産物なんですよ。「話題の本なのに読んでいないのか」と、今で言う読書マウンティングのようなことが当時の社交パーティー、中でも中流の上くらいの階級で人気の行為だった。読書という行為を通じ、自分がいかに知的な階級であるかを示していたんです。書評はそこから、力を得ていきました。

さて、丸谷先生が考える書評の重要な要素。一つ目は「内容紹介」です。社交界の会話に使うものなので、作品のディテールがきちんと伝わるものでなければならない。これが書評の第一の役割であり、最低限の条件です。二つ目は「価値評価」。読者は忙しい中を縫ってその本に時間を割くわけですから、読むべき本かどうかという価値判断が大変重要になる。三つ目が「レトリック」ですね。紹介している本を読みたいと思わせる、優れた文章の力が書評には求められます。

私が重要だと考えているのは、「内容紹介」と「価値判断」です。価値判断の根拠になるのは紹介するあらすじなので、この二つは不可分の関係にある。内容紹介のない書評というのは、ちょっと困ります。

これらが基本的な要素になりますが、かといって書評に一つの決まった形や必ず踏襲すべき形式はありません。書評はですね、かなり自由度が高い。もっと言えば、規則がなく、定められた評価基準もない。丸谷先生が述べた三点以外でいい書評を判断するのは難しいと、私は思っています。

読み解きの異なる二つの書評──宮内悠介『ラウリ・クースクを探して』

実際に、評者によっていかに書評がバラバラか示す例を挙げてみましょう。

二〇二三年八月に、作家の宮内悠介さんが長編小説**『ラウリ・クースクを探して』**（朝日新聞出版）を刊行しました。宮内さんはSF分野でデビューされたのですが、吉川英治文学新人賞や三島由紀夫賞などを受賞していて、純文学の世界でも高く評価されている。そんな宮内さんの『ラウリ・クースクを探して』は、一九七七年、まだソ連の一部であったエストニア生まれのラウリ・クースクという青年がどんな生涯を送ったかという、架空の人物の評伝小説です。

今から、この本の書評を二つ紹介します。一つは、「好書好日」というサイトに私が寄稿した書評。もう一つは、ゲームクリエイターの米光一成さんが『週刊文春』に寄稿した書評です。

好書好日　書評家・杉江松恋「日出る処のニューヒット」（第6回）
https://book.asahi.com/article/15008842

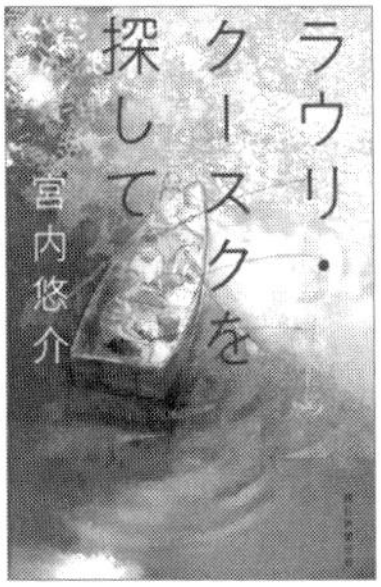

私の書評では、まずラウリの人生に触れています。ラウリは言葉は苦手だけれど、コンピュータ言語が得意で、プログラムのコンペティションで三等に入賞した経験もある。そんな彼の評伝である本作は、名前の明かされない〈わたし〉がラウリを知る者に、彼の人生を尋ねていく形で進んでいきます。この「叙述の形式」がポイントだと、私は読んだわけですね。

次は、米光さんの書評です。米光さんはゲーム「ぷよぷよ」の作者で、現在もゲーム作家として大変人気がある方です。最近は、文芸活動も行っていますね。その米光さんが本書を紹介すると、こういう書評になります。

文春図書館　今週の必読書　米光一成が『ラウリ・クースクを探して』（宮内悠介著）を読む　https://bunshun.jp/articles/-/65914

米光さんは、ご自身が初めて使ったコンピュータと、ラウリが使っているものが同じMSX（最初のパーソナル・コンピュータ共通規格）だったという点から、本作を読み解いている。物語を読んだときの自分の没入感を書いています。

プログラム言語を書くことのできる米光さんと、そちらの分野にはまったくの素人である私では、各要素の読み方も取り上げる箇所も、解釈も異なっていることがよくわかると思います。ちなみに私はMSXに関しては明るくないので、自分の書評でもその点は省いています。専門的な知識以外の要素——語りの形式やラウリという主人公を通じ、作者が表現しようとしていることに客観的な評価を与えるつもりで、この書評は書きました。

書評家の職業病

読み解きは異なりますが、両方とも書評としては正しいものです。『ラウリ・クースクを探して』は多面的な小説なので、読み方は複数ある。そして、読む価値があるということを表現するための道筋も、一つではありません。優れた小説ほど読み方は複数あって、それこそが読書の楽しみでもあります。

書評とは、多様な読みの中で自分の読み方を開陳する行為です。限られた文字数で、どうやって自分の読みを表現したらいいか。書評家は、常にそのことを考えている。そのため——というか、これは職業病なのですが、私も含め書評家は「これは書評できるか」を考えながら、本を読みます。自分には書評できないと感じて、読むのを諦めた本もあります。

亡くなられた目黒考二こと北上次郎さんは、みなさんの大先輩で、明治大学出身の文芸評論家です。北上さんとは付き合いも長く、生前にいろいろとお話しする機会がありました。北上さんは「俺には向いてない」と言って、その作家の本を読むのを止めることがよくあった。「この作家についてはもう書くことがないから、書評はしない」「この本は面白かったけど、自分が書評を書くにはフックになるものが見つけられなかった。面白かったとしか書けないから、書かない」と言っているのを聞いたことがあります。面白く読んだにもかかわらず、書評をしなかった本がかなりある人です。それも、自分の読みを確立するための一つの見識です。

着地点の見えない小説

話を『ラウリ・クースクを探して』に戻します。多面的な読みができはしますが、物語構造自体は複雑ではありません。一九七七年に生まれ、コンピュータの技術者になった青年の人生は今、どうなっているか。それを現在の立場から追っていくという構成なので、どう書評すればいいか、着地点の検討はつけやすかったです。

一方で、着地点が見えてこない小説も世の中にはありますよね。特に純文学の世界では、全体を読み通してなお、作者の言いたいことがよくわからない本がある。この、着地点を見せずに話を引っ張っていくやり方は、小説技法の一つです。サスペンスと言うと、わかりやすいでしょうか。

ただ、「サスペンス」という言葉からは、サスペンスドラマのような内容を想像するかもしれません。今日は、そういう「サスペンス」ではない例を一つ紹介します。田中兆子さんの**『今日の花を摘む』**(双葉社)という小説です。

田中さんは、二〇一一年に「女による女のためのR－18文学賞」の大賞を受賞し、デビューしました。新潮社主催のこの賞は、書き手も審査員も女性に限定されています。R－18文学賞ということで、性の問題や性行為、ジェンダーの問題など、性を切り口に社会を描いた受賞作が多いです。

田中さんの作品に、**『あとを継ぐひと』**(光文社)という連作短編集があります。「あとを継ぐひと」とは後継者という意味で、この作品ではいろんな〝あとを継ぐ人〟が描かれる。収録作の一つに、「若女将になりたい!」という一編があります。最初に読んだときは、衝撃を受けました。

とある老舗旅館の跡取りは、女将さんになるために仲居の修業をしています。当人は非常に頑張っているのですが、両親はなぜかすごく冷ややか。というのも、女将さんになりたいと言っている跡取りは〝息子〟だからです。主ではなく、女将として旅館を切り盛りしようとする主人公に、周囲の人間は戸惑いを覚えている。そこを舞台に、ジェンダーやトランスに関する問題などが軽やかな語りで描かれます。

田中兆子『今日の花を摘む』の意外性

　さて、『今日の花を摘む』という小説ですが、表帯にはこう書かれています。

「茶室で愛とセックスを語る男と女」

「この世界にいるときだけ、あなたは私のものになる」

　この帯文だけ読んだみなさんの脳内には、あるイメージが形成されたのではないでしょうか。非常に秘めやかなものを扱った、性愛小説のようなもの。あるいは、女性の性を描いた小説。私自身、この帯を見ているので、そのような構えで物語を読み始めたわけです。

　主人公は、出版社に勤務している草野愉里子です。新宿区の中堅出版社ということなので、おそらくモデルは版元の双葉社でしょう。ヘバーデン結節がちょっとした悩みの種になっている五一歳の彼女は、制作部の課長です。制作部は本の紙を決めるなど、物としての「本」を作っていく部署ですね。

　草野は一夜限りではない、けれどもステディな関係にはならないまま、複数の異性と性関係を結んでいます。ですが物語の冒頭で、そのうちの一人が彼女に執着し、それがためにその男と決別するという場面が描かれる。男にしつこく迫られた草野を助けたのが、万江島という七〇歳の男性でした。草野は彼が主催する茶会を手伝う近い関係にあり、自分がどんな男性と付き合い、どういう性関係を結んでいるかを万江島に語るようになります。

そうこうするうち、二人の間にはだんだんとあやしい雰囲気が漂っていきまして、ついに七〇歳の万江島と五一歳の草野は結ばれる。これが、序破急でいうところの破の頭ぐらいです。やっぱりそういう話になったんだ、と思いますよね。

しかしこの後、物語は意外極まりない展開へ進んでいく。読む楽しみを奪いたくないので、ここで詳細は明かしません。ただ、ちょっと暗示するような言い方をすると、「女による女のためのR-18文学賞」出身の作者だからこそ、こういう着眼点で五一歳の女性を書いたのだろうという方向へ、物語は広がっていく。R-18文学賞という賞の在り様みたいな部分も含め、広い視野と深い考えをもって、田中さんは書いているという意味です。

「がわ」だけで判断するつまらなさ

おそらく田中さんが『今日の花を摘む』で一番描きたかったのは、この意外な転換の場面です。けれども、そこは小説のパッケージからは一切見えないようになっている。帯は、いわば小説の「がわ」です。「がわ」を見て、「このような物語だろう」と決めつけていた私の頭は、実際に小説を読んでものすごく裏切られた。テキストに没入していく中で、先入観が洗い落とされていったわけですね。

自分がどういう考えをもって、小説を読んでいるのか。これは、書評を書くにあたって重要な意味をもちます。作品を読んで感じた驚きや感覚、作者がなぜそういうフックを設けたのか。それらを考えることは、小説の構造に迫ることでもあるんです。

小説の中には、考えるまでもなくテーマが明示されているものもあります。作者の描きたいものや訴えたいことが、明確に展開される本もある。たとえば、社会の不平等を小説の構造を通じて直接的に訴える作品があったとして、私はその作品のことをまったく否定しません。小説の一種類として、あって然るべきだと思います。

けれど、小説の中身まで、パッケージやレッテルで判断することは非常につまらない。作者の情報や著作などはいったん置いて、今読んでいるテキストだけでまずは判断する。最初に作品にあたるときは、できれば予備知識は一度横に置いて、テキストだけに没入して読むようにしたい。それが書評家としての私の姿勢です。

レイモンド・チャンドラーは「男の美学」の象徴か？

これには過去の読書体験が影響しています。レイモンド・チャンドラー“The Long Goodbye”を読んだことがある方は、どのくらいいるでしょうか。フィリップ・マーロウという私立探偵が活躍する、ハードボイルド小説シリーズの一冊です。作家の村上春樹さん訳による『ロング・グッドバイ』のタイトルで、見かけたことがある方が多いかもしれません。

この作品を日本で最初に訳したのは、清水俊二さんという映画字幕翻訳者です。一九五八年に、『長いお別れ』（早川書房）というタイトルでハヤカワ・ポケットミステリから刊行されました。清水さんは一九五〇年代当時の日本人にはわからないであろう原文の表現を、情緒的な言葉に上手く置き換えて訳している。大変にいい訳です。

その次、二〇〇七年に刊行されたのが村上春樹さん訳の『ロング・グッドバイ』(早川書房)です。清水さんと違い、村上さんは逐語に近い形で訳している。清水さんが訳した時代の日本人には伝わらなかったであろうことが、村上さんが翻訳を行う時代にはある程度、わかるようになっていたからです。

村上訳が発売になったとき、私よりも上の世代が「やっぱり清水訳だよな」とよく言っていました。「チャンドラーは男の美学の小説だから、清水訳じゃないとダメだ」って言うんですよ。事実、私が大学時代を過ごした一九八〇年代当時、チャンドラーは「男の美学」「ロマンティシズムの象徴」のようにもてはやされていました。

そのイメージが頭にあって、私は長い間チャンドラーと向き合えずにいた。しかし、二〇二二年に、翻訳家・田口俊樹さん訳の『長い別れ』(東京創元社)が創元推理文庫から刊行されることになりました。解説の執筆を依頼されたこともあり、過去のイメージを払拭する良い機会だと思って"The Long Goodbye"のすべての訳を読むことにしたんです。田口訳、村上訳、清水訳、原書を並べ、一章ずつ、比較しながら読んでいきました。すると、チャンドラーがしたいことは、「男の美学」とは少し違うのではないかと思いました。

頭に入っている情報を一度取り去る

原文では、主人公であるマーロウの表面的な感情――怒ったり、しらけたり――には言及しています。ですが、マーロウの奥底にある、深い自我に関しては書いていない。どういう傾向の感情を抱いているかはわかるけれど、それに対する深い説明はされないまま、叙述が続いていきます。清水さんはそれを情緒的に、村上さんはそのままに訳しているんです。

清水訳と村上訳、はたしてどちらがチャンドラーの目指したものに、より近いのか。それぞれ比較しながら読んだ私の結論から言うと、どちらも正しい。強いて言えば、村上春樹は一人称の視点を置くことで、そこに登場人物と作者の距離を考えていった。

村上さんは、書くという行為そのものが『ロング・グッドバイ』という小説の本質であると読んでいます。村上訳に収録されている「訳者あとがき」はなんと一〇〇頁近くあって、村上春樹のチャンドラー論になっています。しかも、普段の村上春樹らしからぬ、興奮しながら文を綴っている様子が伝わってくる。村上さんが小説以外の文書で、ここまで熱を入れているのは珍しいので、機会があれば読んでみてください。

すでにたくさんの「解説」がある中で、田口俊樹さん訳の文庫解説では、どういう読みを付け加えられるか。悩んだ末、「最初に作品にあたるときは、できれば作者についての予備知識は一度横に置いて読む」と

いう考えに辿り着きました。チャンドラー＝男の美学の象徴のように捉えてしまっていたけれど、実際の作品では少し違うことをしている。私自身の気づきをもとに、解説を執筆しました。

頭に入ってしまっている情報を一度取り去ることは、テキストを読む前に行うべき大切な作業です。その作業によって、自分の文章が誰かの借り物になるかならないかが決まる。私の解説では、小説の構造からテキストを細かく読み砕いていったつもりです。それが借り物になっているかは、みなさんに判断いただければと思います。

視点をバージョンアップする――デイヴィッド・ロッジ『小説の技巧』

まだ少し時間があるので、最初に紹介した丸谷先生の話に戻りますね。丸谷先生は書評家のすべきことについて、とっても勇気の湧くことをおっしゃってくださっています。小説であれば文学者、論文であれば学者というように、本は専門の方が書くものです。書評家はそうした専門家ではないので、どこからか知識を借りてこざるをえない。しかし丸谷先生は、そのことを肯定しておられます。書評家も最先端の知識や学説に触れることが大事で、それをちょっと拝借する。ただし、それがそのまま自分のものにはならないことを理解しておく。常に最先端の学説に触れ、ちょこっと知識をお借りしつつ、自分の書き物に活かす。そうやって視点をバージョンアップしていくことが大切なんだとおっしゃっているんですね。

そのための参考となる本をいくつか紹介します。

まず、絶対に読んでいただきたいのが、デイヴィッド・ロッジ『**小説の技巧**』（白水社）です。小説の技巧とはどういうものか、実験小説の書き手でもある英国作家のロッジが実例を挙げながら紹介していく評論集です。

たとえば「間テクスト性」について、ロッジはジョゼフ・コンラッドを引き合いに出して語っている。他にも、「マジック・リアリズム」「エピファニー」「言外の意味」など全五〇項目が並べられています。ブックガイドにもなるし、小説の技巧についても勉強になる。私も時々、自分の解釈が間違っていないか本書に戻って確認しています。

「ものさし」として応用する——フレデリック・モンテサー『悪者の文学』、岩尾龍太郎『ロビンソン変形譚小史』

次は、イギリスの小説を読む上で参考にしてほしい一冊です。フレデリック・モンテサー『**悪者の文学　西欧文学のピカレスク要素**』（南雲堂）。ピカレスク・ロマン＝悪漢小説を論じた、古典的な評論です。スペインのピカレスク・ロマンがイギリスに渡り、様々な小説を作っていきました。『クリスマス・キャロル』や『二都物語』の著者チャールズ・ディケンズなどをはじめとする、一九世紀英国小説にはピカレスクの構造を使ったものがいくつもあります。

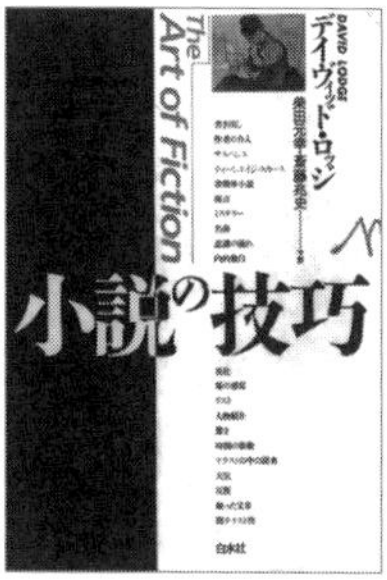

そんなピカレスク小説の派生を知るために、応用で読んだのが岩尾龍太郎『**ロビンソン変形譚小史**』（みすず書房）です。ダニエル・デフ

ォーの『**ロビンソン・クルーソー**』は漂流譚小説として扱われることが多いですが、実はピカレスク・ロマンの構造ももっている。帝国主義的思想に触れたピカレスク・ロマンが、『ロビンソン・クルーソー』という漂流譚へ変形し、どのようにして現在まで繋がっていくのか。池澤夏樹『**マシアス・ギリの失脚**』（新潮社）なども引き合いに出しながら、非常にスパンの長い評論が展開します。

こういった書籍に触れると、『ロビンソン・クルーソー』は帝国主義文学を考えるきっかけとして読むことができます。帝国主義文学は、簡単に言えば帝国主義的な発展が阻まれて失墜していくものです。その派生には、アメリカやイギリスの冒険小説、スパイ小説がある。『ロビンソン変形譚小史』に書かれている内容は、冒険小説やスパイ小説を論じるときに脳内で使うことができるんですね。

本に書かれている内容そのものを直接は使わない。けれど、そこで得た視点を他の小説を読むときに当てはめ、「ものさし」とする。わりと応用の効く方法なので、実践していただければと思います。

知のマッサージ機のような一冊──加藤幹郎著『映画ジャンル論』、篠沢秀夫『文体学の基礎』

お次は、加藤幹郎『**映画ジャンル論　ハリウッド映画史の多様なる芸術主義**』（文遊社）です。アメリカ映画を軸に、スクリューボール・コメディやフィルム・ノワール、ミュージカルなどさまざまなジャンルを整理し、その神髄や本質に迫っていく。映画に限らず、「ジャンル」というものを考える際に大変参考になります。私の場合、この本の考え方をミステリ小説を考えるときに応用しています。この作品はジャンル分けしたとき、どれに当てはまるのか。悩んだときは『映画ジャンル論』を開き、読み返しています。

世の中には、まったくわからないことを論じている本もあります。日本語で書かれているし、読んだ直後は納得するけれど、しばらく経つとまたわからなくなって読み返す。それを何度も繰り返す本がある。私にとって、篠沢秀夫**『文体学の基礎　増補・文体学原理』**（新曜社）はそんな一冊です。むちゃくちゃに面白い本で、小説の文体とはどういうものか、主にフランス文学の方面から読み解いていきます。

読むたびに「これで小説の文体は理解したぞ！」と思うのですが、一週間くらい経つと、またわからなくなる。そして、また読み返す……。何度読んでも頭のどこかを刺激してくれる、素晴らしいマッサージ機械のような本です。

自分にとって知のマッサージ機のような本を一冊でも持っていると、小説を読むことが大変楽しくなります。私が紹介した本でなくともかまわないので、大学生の間に、そういった本を探してみてください。

◉質疑応答

Q1　杉江さんの文章で、すごく好きなものがあります。二〇一四年に翻訳ミステリー大賞シンジケートに寄稿された、「12月21日（日）はトマス・ピンチョンの日ですよ！」です。冒頭でいきなり、「ト

マス・ピンチョンは怖くないんでーす！」と太字で書かれている。読んだときは、少なからぬ衝撃を覚えました。ピンチョンのような、ページ数的にも内容的にも巨大な小説を楽しく読むコツは、あるのでしょうか。

頑張りすぎないこと、時間を取ることだと思います。大学時代、担当教授に「何でも電車の中で読もうとするな」と言われたことがありました。ちゃんと机に座って読まなければいけない本もある、という意味です。ピンチョンは、まさにちゃんと座って、時間を取って読むべき作品です。それと、ハードな小説を読むときは、メモを取ることをおすすめします。特にピンチョンの作品は、固有名詞が幾重にも織り込まれた文体なので、後から「これ何だったかな」とわからなくなってしまう。意味を取りかねていると後々読むのが辛くなるので、気になったらメモをすることが大切です。

Q2 在学中に読んでおくべき本のジャンル、もしくは作品があれば教えてください。

大学時代と限定するのであれば、「**紀要**」でしょう。実は、私が大学で専攻していたのは、文学ではなく日本の中世史でした。当時は網野善彦先生という歴史学者が、ものすごい勢いで本を書いていた。ちょうどその時期に日本中世史を学んでいた私は、網野先生の代表的著作の一つ『**日本中世の非農業民と天皇**』（岩波書店）を読みました。

網野先生が書いていることはもちろん勉強になったのですが、参考文献に列挙されたたくさんの論文に目が留まりました。その多くは、紀要に掲載された論文だった。紀要は大学や研究機関が発行している学術雑誌で、大学教員や研究者の論文が載っています。一般の人は手に入れにくいのですが、大学図書館には各大学の紀要がたくさん揃っている。文学に限らず、どんな論文でも必ず、参考にした専門書や学術書が最後にひかれています。それを参考にすると、読書の幅を広げていく訓練ができます。これは、大学図書館を自由に使える大学生の特権です。大学図書館が使えるだけでも、みなさんが羨ましくて仕方がない。ぜひ、在学中に紀要に掲載されている小さな論文をたくさん読んでみてください。

Q3　おすすめのミステリ作家を教えていただきたいです。

存命の作家についてだと捉えて、回答します。できれば一人の作家の作品をずっと追いかけてほしいので、まず、最近デビューした作家を一人。二〇二一年に『**スイッチ　悪意の実験**』（講談社）でメフィスト賞を受賞した、潮谷験さんです。現在、単行本は四作（二〇二四年五月は五作）が刊行されているのですが、作品ごとにプロットも技術も、構造もまったく違う。私から見て、潮谷さんは過去の遺産に頼らず、自分のジャンルを作っていく人です。今からでも全作読破できると思うので、潮谷さんの作品に注目してほしいです。

海外作家は一人を選ぶのが難しいですが……あえて難易度の高い人を紹介します。イギリスの作家アン・クリーヴスです。イギリスの推理作家といえば、アガサ・クリスティーが有名ですよね。クリスティーは、キャラクター小説の手法に、フーダニット――誰が犯人かわからないという構造をくっつけ、発展させた。現代における、その技法の最高の使い手がアン・クリーヴスです。少し難解な部分もあるかもしれませんが、挑戦してみてください。

Q4　普段、どのくらい本を読んでいるのか知りたいです。

正直、冊数はあまり基準にならないと考えています。「俺、こんなに本を読んでいるんだ」って言ってくる人、イヤですよね。私はそういうことを言う人に出会うと、「それって量？質？」と聞き返したくなる。

ただ、質問なので本当のところを答えると、一日二冊か三冊ぐらいをずっと読んでいる感じです。私が特別なのではなく、書評家みんながそうだと思います。原稿を書いている時間もあるので、純粋に「×365日」にはなりませんけれど。その中で、『ラウリ・クースクを探して』や『今日の花を摘む』のように、構造まで深く考えながら読む小説が半分くらいある。あとは趣味のものだったり、『文体学の基礎』のような頭をマッサージする本もあるので、月に何冊というのは、正確にはカウントしにくいですね。

Q5　他の人の書評で今まで一番印象に残ったものと、その理由を教えてください。

すでに紹介した、丸谷先生の『ロンドンで本を読む』に収録されている書評ですね。本当に、いろんな書評が入っている。日本一の書評の見本書であり、技巧書だと思います。文庫版も刊行されているのですがそちらは抄録なので、マガジンハウスから出たハードカバーをおすすめします。

もう一冊は小林信彦『**地獄の読書録**』（集英社）です。一九五〇年代から六〇年代にかけて、ミステリ専門誌に連載されていた時評が収録されています。特に影響を受けたのは、ネタバラシ問題ですね。書評において、どの程度まであらすじを書いていいか、構造的な部分にどこまで言及していいか。小林先生は「全体の3分の1か4分の1まで」、それ以上はネタバラシになると定義されています。私は忠実な教え子として、書評で紹介するのは3分の1までをモットーにしています。

Q6　たまに低評価で終わる書評もありますが、杉江さんはそういう評を書かれたことはありますか。

低評価で終わる評は、あまり書いたことがないですね。さっきも言ったように、私は「この本は読む価値がある」と薦める書評を書きたいので、低評価に終始するものはあまり意味がないと考えています。

自分が呼ばれていない本って、あるんですよ。招待されてないのに勝手にやって来て、このパーティーの飯はまずいって言って帰る人がいたらイヤじゃないですか。私ではない、他の誰かが呼ばれていると感じた本は、取り上げないし取り上げられない。もし、どうしても紹介する必要があるときは、どこかにいいところがあるはずだと考えて、そこを深掘りします。

★すぎえ・まつこい＝書評家。著書に『路地裏の迷宮踏査』『読みだしたら止まらない！ 海外ミステリーマストリード100』『ある日うっかりPTA』『浪曲は蘇る 玉川福太郎と伝統話芸の栄枯盛衰』、神田伯山との共著に『絶滅危惧職、講談師を生きる』、玉川祐子との共著に『100歳で現役！ 女性曲師の波瀾万丈人生』など。一九六八年生まれ。

読書案内

▼書評を考える

豊﨑由美『ニッポンの書評』光文社、二〇一一年

丸谷才一編著『ロンドンで本を読む』マガジンハウス、二〇〇一年

小林信彦『地獄の読書録』集英社、一九八四年

▼多様な読みが可能な小説

宮内悠介『ラウリ・クースクを探して』朝日新聞出版、二〇二三年

田中兆子『今日の花を摘む』双葉社、二〇二三年

田中兆子『あとを継ぐひと』光文社、二〇二〇年

▼作品と向き合う

Raymond Chandler, *The Long Goodbye*, London, Hamish Hamilton, 1953.

レイモンド・チャンドラー『長いお別れ』清水俊二訳、早川書房、一九七六年

レイモンド・チャンドラー『ロング・グッドバイ』村上春樹訳、早川書房、二〇一〇年

※ "The Long Goodbye" 以外の翻訳書は原書刊行年で表記している

レイモンド・チャンドラー『長い別れ』田口俊樹訳、東京創元社、二〇二二年

▼小説の成り立ちを知るのにオススメ

デイヴィッド・ロッジ『小説の技巧』柴田元幸・斎藤兆史訳、白水社、一九九二年

フレデリック・モンテサー『悪者の文学　西欧文学のピカレスク要素』畠中康男訳、南雲堂、一九七六年

岩尾龍太郎『ロビンソン変形譚小史　物語の漂流』みすず書房、二〇〇〇年

ダニエル・デフォー『ロビンソン・クルーソー』唐戸信嘉訳、光文社（他複数社邦訳あり）、一七一九年

加藤幹郎『映画ジャンル論　ハリウッド映画史の多様なる芸術主義』文遊社、二〇一六年

篠沢秀夫『文体学の基礎　増補・文体学原理』新曜社、一九九八年

▼オススメのミステリ作家の作品

潮谷験『スイッチ　悪意の実験』講談社、二〇二一年

アン・クリーヴス『哀惜』高山真由美訳、早川書房、二〇一九年

▼読み巧者たちによる読書指南あれこれ

開高健・谷沢永一・向井敏『書斎のポ・ト・フ』潮出版社、一九八一年（筑摩書房、二〇一二年あり）

瀬戸川猛資『夜明けの睡魔　海外ミステリの新しい波』早川書房、一九八七年（東京創元社、一九九九年あり）

ジョン・サザーランド『ヒースクリフは殺人犯か？　19世紀小説の34の謎』川口喬一訳、みすず書房、一九九六年

風間賢二『オルタナティヴ・フィクション　カウンター・カルチャー以降の英米小説』水声社、一九九九年

若島正『乱視読者の帰還』みすず書房、二〇〇一年

北村薫『水　本の小説』新潮社、二〇二二年

第4講◉

書物は世界の窓口　私をのびやかにする言葉たち

2023年9月16日　創価大学図書館

温　又　柔
作家

たくさんは読めていない。でも、本は好き。

みなさん、こんにちは。温又柔と申します。本日は、「書物は世界の窓口　私をのびやかにする言葉たち」というテーマでお話をしようと思います。

司会の方にご紹介いただいた通り、私は小説家です。この場に集まった人たちの中には、もしかしたら私のことを本をたくさん読む人だと思われている方もいらっしゃるかもしれません。

最初に告白しますが、これまで私は、本をたくさん読んできたわけではありません。それこそ、小説家なら読んでいて当たり前だろうと思われる、世界文学全集や日本の古典……そういったものは、ほとんど読めていないのではないかな。もちろん、本を読むのは好きだし、本がある場所も好きだけれど、本を読むこと自体はそんなに得意ではないのですね。

そんな人間が小説を書けるのだろうか。今の話を聞いて疑問に思った方もいると思いますが、それでも書きたいことがあると案外書けてしまう。それが良いか悪いか、意見は分かれると思います。ただ、この講座は「本をたくさん読むべきだとは思うけれど、何をどう読んだらいいのかよくわからない」と悩んでいる学生たちに向けた読書講座です。そこで、私のような本との付き合い方があるということを参考にしていただければと思っています。

時間や場所を軽やかに越えられる扉

思えば私はうんと小さい頃から、本屋さん、図書館、図書室のような本がたくさんある場所に行けば、いつも胸を踊らせました。だから自分は本が好きなのだと思っていました。ところが、大学生の頃は、読書が好きと言うのが怖かった時期もある。自分程度の読書量では、本を読むのが好きと言うのはおこがましいと感じるようになったんですね。と言うのも私は大学時代、読書の「猛者」みたいな人たちに囲まれていました。ゼミや講義で尊敬していた先生たちをはじめ、そういう先生の周りにいた先輩方も、みんなものすごい量の本、難しい本をすごい速度でどんどん読みこなしていたんです。そんな猛者たちが「あの本読んだ？」「あの作品どうだった？」と話し合う中で、こんなにもたくさんの本を素早く読みこなしている人たちと比べたら、私なんか全然本を読めていない……と劣等感を抱かずにはいられませんでした。

けれど、どうしても本のある場所には吸い寄せられてしまう。その理由は、本当に単純です。本が一冊ここにある。ただそれだけで、ここではないどこか、今ではないいつかが広がっていると思うと胸が躍るんです。たとえば、今日は二〇二三年九月一六日ですが、でも、たまたま手に取った本をちょっとめくるだけで、そこには一九七〇年代のカリフォルニアの光景が広がっている、とか。

本というのは、時間や場所を軽やかに越えられる扉のようなものだと私は思っています。だからこそ私は、本がたくさんある場所に身を置くだけで、今ここにいる自分を包みこんでいる世界の果てしなさ、私の知らない世界がひとつひとつの本の表紙や背拍子といった扉の向こうに広がっているような気がして、子どもの頃からその感じがとても好きだったんですよね。

競争より、自分の心を満たしてくれる本を

それもあって私は、本というもの自体への憧れがすごく強かった。だからほとんど自然と、自分も本を書く人になりたいと思うようになりました。今日の会場であるこの図書館のように、たくさん本がある中に、たった一冊でも表紙に自分の名前が書かれた本があったら、どんなに素敵だろうと感じたんですね。

本を書く人の代表の一つでもある「小説家」を目指し始めたのは、大学生の頃です。小説を書いてみたい、と打ち明けると、さっき話したゼミの先輩たちをはじめ、読書の「猛者」たちから、「小説家になりたいなら読むべき本」を薦められるようになりました。今思えば彼らは、自分も小説を書けたらなあと呟く私を試したかったのでしょう。小説を書くと言いながらあれもこれも読んでな

いなんてね、と。

それは確かにその通りだったのですが、どうも私は、彼らの言いなりにはなれなかった。古典的な名著と呼びならわされているような、そういう立派な「読書リスト」を突きつけられて、そのうちの一冊、二冊は懸命に読んだけれど、全然、自分が読むべきものであるような気がしない。ところが私は、読めと迫られて読んだ本に心惹かれないことが続いたからといって、本そのものに絶望することはまるでなくて、自分にとって本はやっぱりすごく心惹かれる存在だったんですね。相変わらず、本のある場所、図書館や本屋さんに行くと、私の心は安らぎました。

そうやって、図書館の端っこの方の、何年も借りられてなさそうな色褪せた本をめくって、そこにある文章が心にグッとくるとすごく嬉しくなった。そして、発見したんです。私にとって本を読む目的は「あれ読みました」、「それも読みました」と誰かに報告することではない。ましてや、誰かと読んだ本の数を競争することでもない。あくまで自分の心を満たしてくれる本を探すこと。それが大学生だった私にとっては一番重要なことでした。

生きるヒントを得た三冊

そして、その頃の私にとって、重要な指針となった三冊の本について今日は紹介しようと思います。まず、ジャック・デリダの『**たった一つの、私のものではない言葉　他者の単一言語使用**』（守中高明訳、岩波書店）。次にトリン・T・ミンハの『**女性・ネイティヴ・他者　ポストコロニアリズム**

とフェミニズム』（竹村和子訳、岩波書店）。最後にロラン・バルトの『**テクストの快楽**』（沢崎浩平訳、みすず書房）。

二十一、二歳のころの私は、この三冊の本をめくりながらとても興奮しました。自分の知りたかったことが書いてある！と、めくるめくような思いだったのです。しかし、この三冊は必ずしも、みなさんにとって得難い本になるかどうかはわかりません。なぜなら、ある本が、ある人間にとってすごく意味があるものだとしても、同じような意味が別の人にあるとは限らないからです。そのことは、あらかじめ強調しておきますね。

なぜ、この三冊に私は心を摑まれたのか。そのことをお話しするにあたり、私がどういう人間だったのかを知っていただければと思います。

「言葉ってかたちになるんだ！」

温又柔という名前からもわかるように、私は台湾にルーツがあります。両親はどちらも台湾人で、私は台北市生まれ。子どもの頃に父の仕事の関係で日本に来ることになり、以来ずっと東京で暮らしています。

今はこうして普通に日本語を喋っています。けれど、私が最初に耳にした言葉、最初に話した言葉は台湾の言葉でした。周りの大人たちが喋っている台湾の言葉を、これが言葉であると、人生の最初の段階で理解し吸収したんですね。

ところが三歳の時に日本に来て、五歳の時に私は日本の幼稚園に通いはじめました。その幼稚園生時代に、ある発見をした。どうやら、世界は二つの言葉に分かれている。その二つというのは、自分の家の中だけで通じる言葉と、家の外でも通じる言葉です。

子どもだから、日本語だ、台湾語だ、なんていう区別はついていません。でも、家の中で通じる台湾の言葉を幼稚園で使っても、誰も分からない。どうやら一歩外に出ると、私にとっては後からやってきた日本語、中国語や台湾語と比べて新参の言葉しか使えないみたいだ。そのことに気づき、みんなに分かる言葉を身につけなくちゃ、とはりきりました。

その後、私と日本語の関係はますます緊密になります。小学一年生の時に、文字を知ったからです。ひらがなという〝文字〟を覚えたことで、世界の見え方が変わった。それまで、私にとっての言葉は「口に出したらその場で消えるもの」でした。ところが、国語の時間にひらがなを勉強し、言葉がかたちになることを学んだ。すごく興奮しました。線を引けば、いま口にした「あ」という音が紙の上に射止められる。紙に自分の言葉を記すことができる。当時の私には衝撃でした。

自分が口にした言葉が紙の上に残せるようになり、一文字また一文字読めるようになると、次第に絵本以外の普通の本も、大人の助けを借りながら読めるようになっていく。すごく面白かった！

ページをめくると、あなたの知らない世界がはじまりますよ。私の周りにあった本は、急にそんな顔をするようになったんです。先ほどお話しした、本や本のある場所が好きという感覚は、文字を覚えた頃から強化されていったように思います。

降りかかってくる「ではない」

自分はほとんど日本人だという感覚で日々を過ごしてきたので、一三歳くらいになると、台湾にルーツがあることを意識しなくなっていました。私が何人なのか、学校の友人たちをはじめ親しい人たちほど気にしなくなっていった。問題は、初めて会った人とのやりとりでした。

というのも、私が初対面の人に自己紹介すると「日本語が上手だね」と毎回感心される。こんな名前だから、どうやら「外国人」だと思われるんです。外国人にしては日本語が流ちょうだなあ、と思われて、そうやって言われちゃうんですよね。もちろん、言う方に悪気はまったくありません。

だからこそ、いろんな人から似たようなことを言われ続けるうちに、日本人でない自分が日本語を喋るのは「普通」ではないんだなあと、感じるようになります。逆に、台湾で中国語を喋ると「台湾人なのに日本人みたいな中国語を喋るね」と笑われたりして。自分としては、自分のありようは「普通」でも、他の人たちの目に映る私は、台湾人なのに日本語しか出来ないやつなんだろうな、とか、日本語を喋っているけどあいつって実は日本人ではないんだよなあ、とか。こうした「ではない」が、いろんな方向から自分の人生に降りかかってくるたび、とても切なくなりました。

だったら、どのようにしたら「である」になれるのか。成長するにつれて、一所懸命考えるようになりました。そうやって悩んでいた時期に出会ったのが、先ほど紹介したデリダとミンハとバルトの本だったんです。

『たった一つの、私のものではない言葉』との出会い

まずは、デリダ。何と言っても、『たった一つの、私のものではない言葉』というタイトルに魅了されました。図書館で初めてこれを目にした時は、大げさではなく、雷に打たれたような衝撃が走りました。たった一つの、私のものではない言葉って、私にとっての日本語がまさにそうだよね、とすぐに思いました。

私が、最も自由自在に操れる言葉は、日本語です。でも、そんな私のルーツは台湾にある。子どもの頃からずっと、「日本語がお上手ですね」と言われるたびに、いつも寂しく感じたのは、そう言われることで、「それはあなたの言葉ではない」と「宣告」される気分に陥るからなのだと、私はデリダのこの本のタイトルを見た瞬間、直感しました。きっとこの本は、自分が使いこなせるたった一つのこの言語を、私のものだと思うためのヒントがあるに違いない。そんな予感を抱いたんですね。

大学生の頃の私が、それこそ、フランスの立派な哲学者であるデリダの本をちゃんと読み通せたかは怪しいです。ただ、当時の私にとって、この本を読むのは掛け値なく楽しかった。何しろ私が求めていたのは、デリダの哲学を〝正しく〟理解することではなく、自分自身を解き放つことだったのです。

というのも当時の私は、日本語しかできない、実は台湾人である自分を持て余していました。早い話が、そういう自分がどうも歪な存在

に感じていたんですね。外国人であるせいで、日本語を自分のものだと胸を張って言えない。でも、台湾では外国語のような中国語しか話せない。

そんな私にとって、どんな言語も元々は他人のものである、ということが書いてあるデリダの本は、歪だと思っていた自分を別の角度から肯定するヒントになったのです。それはある意味、正統派的な読み方ではなかったかもしれません。でも、私にとっては忘れ難い読書でした。

最近、この本をめくってみました。想像どおり、かつて夢中で読み入ったつもりの本なのに、約二〇年前の自分にはおそらく全然わかっていなかった／わからなかった箇所がいくつもあるのを感じました。やっぱり昔は全然読めてなかった、と感じたとき、そのことが私はむしろ嬉しく思えた。今は読めるのだから、と。

そう思ったら、自分のこの二〇年分の経験も、なかなか悪くないなって(笑)。自分の心の支えだった本との「再会」によって、自分が過ごした時間の、それなりの「厚み」を感じるということ。今は、まだ十代や二十代のみなさんに特に知ってもらいたいのは、こういう長い月日をかけた本の読み方もありだっていうことなんですよね。

『女性・ネイティヴ・他者』から得た救い

やっぱり一番大切なのは、本を読む目的が何か。これに尽きます。そうやって考えると、『たった一つの、私のものではない言葉』とめぐりあったころの私が読書に対して求めていたのは、あるがままの自分を肯定するためのヒントを得ることでした。

その流れで、今度はトリン・T・ミンハというベトナム系アメリカ人女性の本を紹介します。

今でこそ私は、台湾と日本という二つの「母国」の間を行き来しながら自分は生きてきた、というふうに思っています。でも、ある時期までの私は、あなたの母国はどこですか?と訊かれるたびに、台湾か日本のどちらか一方を選んだ上で答えるべきなのだと思い込んでいました。そういう時に、「日本です」と言ったら、ただでさえ遠く感じている自分の出身地である台湾がもっと遠ざかってしまう気がして、なんとなく寂しかった。

逆に、「いや私の母国は台湾ですよ」と言ってしまえば、日本で生きてきたこの十数年間は一体何なんだろう……とやっぱり寂しくなる。日本か、台湾か。一方を選んだら、もう一方は「放棄」しなければならない。そんなふうに自分は思い込まされていたのだと気づかせてくれたのが『**女性・ネイティヴ・他者**』でした。

この本の著者であるミンハは、ベトナムか、それともアメリカか、という「二者択一」の罠には囚われない。彼女は、アメリカにいるベトナム人として、アメリカ人たちには見えにくい「アメリカ」を見つめる。ベトナムしか知らないベトナム人の目に映りにくい「ベトナム」も見る。むろんアメリカとベトナムを含む、この世界自体を、彼女は「複眼」的に捉えるのです。

そして、この「複眼」への意識こそが、彼女のアイデンティティになっている。ここでいうアイデンティティとは、私たちがよく思うような「固定」されたものではなく、移動した時間も含めて成り立っている。

複眼的であれ、といったミンハの「実践哲学」に、私は大袈裟ではなく救われる思いでした。母国といえば、日本か台湾か、母語といえば、日本語か中国語か。いつもどちらか一つを選ばなければならないという「強迫観念」から、自由にしてくれたのですから。

『テクストの快楽』が与えてくれた言葉

こうして考えてみれば、私が小説を書いたのは、本を書く人になりたい、という憧れから始まっているものの、だんだんとそれを上回る、どうしても書かないではいられない何かが自分の中で存在感を増していったからというのも大きいんですよね。その「何か」とは、今思えば、日本で育った台湾人である自分は、もしかしたら日本と台湾のどちらにも「安住」しきれないという不安や心細さ、そして繰り返し抱かされてきた疎外感のようなものだった気がします。

自分の小説を通して、私は自分が味わってきた切なさや、疎外感を、読み手に感じて欲しいと望んだのです。その思いが日々強くなっていく中で出会ったのが、バルトの**『テクストの快楽』**でした。私にしか書けないものを書く。そう決意を固めた段階で、私はある種の使命感のようなものに燃えていた。戦闘モードに陥ってしまっていたとも言えます。『テクストの快楽』には、こんなことが書かれています。

読まれようとするならば、それ自身の中に、読者を誘惑するに必要な神経症を少しは宿しているものだ。これらの恐るべきテクストもやはりコケティッシュなテクストなのである。

ハッとしました。日本で育った台湾人として、日本と台湾という二つの場所の間で生きてきた自分自身のありようを描くことで、「日本語がお上手ですね」と悪気なく言ってきたような人々に向かって、「よく聞けよ」といった自分勝手な啓蒙モードに、知らず知らずはまり込んでいた。そんな私に、書いたものを本当に読んでもらいたいのなら、「説教」ではなく、「誘惑」する必要があると、バルトが助言してくれた気がしたのです。もちろん、先ほどのデリダと同様、こんなバルトの読み方は専門家やバルトを真面目に読破しようとする方々からは、なんていい加減なと叱られるかもしれません。しかし当時の私は、こんないい加減で、身勝手な読書ばかりしていたんですよね。何しろ、何度も繰り返しているように、私の目的は私自身を解き放つことだったのです。

みなさんに紹介したこの三冊をはじめ、私は自分が切実に必要とする本と、運良く出会えてきました。もしかしたらそれは、私が自分のアンテナを信頼していたからかもしれません。白状すれば、いわゆる古典的な名著がずらっと並ぶ「読書リスト」を見ると、いまだにドキドキします（笑）。でも、どれだけ素晴らしい本でも、自分のアンテナが反応しなければ、無理に読まなくていいのです。

読書は人生の「義務」でも、誰かとの「競争」でもありません。人目を気にし過ぎず、他でもない自分の心を動かすような本は何かとアンテナを張りながら、自分にとっての「必読書」を自分のペースで見つける方が、ずっと楽に、本を好きでいられます。

私をのびやかにする言葉たち

最後に、私がつけた講演タイトルの副題「私をのびやかにする言葉たち」。このことを、みなさんと分かちあえればと思います。みなさんが読んだ本の中には、社会の歪み、あるいは不公平さに、気づかせてくれるものがあったかもしれません。そして、それを読んで無力感をおぼえたり、やりきれなくなるという思いに陥った方もいるかもしれない。

私が言いたいのは、知ってしまったことによって、以前の自分よりも生きづらさを感じるような読書の仕方をするのではなく、知ったということ自体をバネに、自分をより解放して欲しいということ。それを感じさせてくれる本と出会ってください。それが、きっと今のあなたにとっての必読書なのだと思います。紹介した三冊のように、私自身がそういう本の読み方をしてきたからこそ、最近になってなおさら確信しています。

たった一つの、私のものではない日本語で、日本の中で育った台湾人として、できるだけチャーミングな小説を書く。デビュー作である「好去好来歌」を書いていた頃からずっと、この気持ちは変わりません。不思議なことに、一作また一作、小説を書き上げるたびに、書きたいことはどんどん増えています。本を読むこともそうなのですが、書くことの目的もまた、私にとっては、今よりももっとのびやかな自分でいられるためにあるようです。そうやって私が書いたものを、いつか読むかもしれない誰かが、何かから「解放」されて、少しだけのびやかになってくれたらなあ、とも思います。デリダやミンハやバルトの言葉がかつての私を「解放」したように。

◉質疑応答

Q1　文章を書く際、どのような想いや願いをこめて書いていますか？

私の本と偶然出会った人が、「ここにいていいんだ」とほっとできる。そんな気持ちを込めて、いつも書いています。というのも、私の本を進んで手に取ろうとする人って、何かしら周囲のプレッシャーと戦っているような人がわりと多くて、そういう人たちが、せめて私の本を読んでいる間だけは、「自分はここにいていい」と安心できれば何よりです。

Q2　日常のどういった状況や場面から、作品の発想、あるいはインスピレーションが湧いてきますか？

私の場合は、自分の知る限り、まだ誰も言葉にしていなさそうな感情を抱いたり、確かに目の当たりにしたはずが、すぐにはどんなふうに言い表したらいいのか見当がつかないような場面や状況と出くわしたときほど、どうにかそれを言葉にしたくなります。確かに存在しているはずなのに、まだ誰も言葉にしていないなら、自分が言葉にしなくちゃ、と思ってしまうんですよね。結果的に、それが小説という形をとってあらわれているような気がしています。

Q3 自分が書いた文章を他人から批評されることがあると思いますが、他人の批評を気にせずに自分らしく文章を書くにはどうしたらよいですか？

批評は、気にしないわけにはいかないと思います。書いたものが活字にされたあとの読まれ方は、自由です。作家は、他人からの読まれ方をコントロールできないし、してはいけないと思っています。私も、こんな読まれ方をされるなんて、と憤ってばっかり（笑）。でも、それでも、また書かずにはいられない。批評を気にするまいと殻に閉じこもるのではなく、どんな批評があろうと、自分の書きたさを重視する図々しさも大事かもしれません。

Q4 私はもっと親切な人になりたいと思っています。そうなるために、人から学ぶこと、本から学ぶことが大事だと思いますが、温さんの場合、そのバランスはどうだったでしょうか。

素敵な目標です。私も、そうありたいと思います。人から学ぶことと本から学ぶこと、私はあまり区別していないですね。本で得た知識を人付き合いの中で生かすこともあれば、本を読むことで自分の人間関係を見つめ直すこともありますしね。あまり答えになってなくてごめんなさい。

Q5　まだ海外に行ったことがなく、行くべきか悩んでいます。というのも、私は二〇年間ずっと日本で過ごしたおかげで、日本語の美しさを知ることができた。留学経験のある人のことが羨ましい反面、第二外国語の習得には時間がかかります。日本語から離れてしまったら、その時間で得られたかもしれない言語的魅力を喪失してしまうのではないか。中途半端に他言語を学ぶくらいなら、いっそ今持っている日本語をもっと磨けばいいのではないか。そういう気持ちと、海外への憧れの間で揺れています。

お話を聞くかぎり、あなたは日本語に対してしっかりとした核があると思います。たとえ海外に行って、懸念した通り日本語の美しさを一旦失ってしまったとしても、今感じている感覚を再構築する力は残り続けるはずです。何しろ、あなたと日本語には、すでに二〇年分の信頼関係があるんですもの。もしも、今三歳だったり八歳であったなら、未完成の日本語の輪郭や基盤が、別の言語の到来のせいで崩れるという心配を、もっとしなければならないかもしれません。でも、今のその感じなら、きっともう大丈夫。一度自分の支えになった言葉って、そう簡単には乱れない。いや、もしかしたら、壊すまでは行かないけれども、少々揺さぶって再構築する方が、今以上に美しくなる可能性も。だから、私からできるアドバイスは、思い切って海外に行ってみることです。

★おん・ゆうじゅう＝作家。著書に『来福の家』『台湾生まれ　日本語育ち』（第六四回日本エッセイストクラブ賞）『真ん中の子どもたち』『空港時光』『「国語」から旅立って』『魯肉飯のさえずり』（第三七回織田作之助賞）『永遠年軽』『祝宴』など。一九八〇年生まれ。

読書案内

▼長い年月をかけて「再会」した本

ジャック・デリダ『たった一つの、私のものではない言葉　他者の単一言語使用』守中高明訳、岩波書店、二〇〇一年

▼世界を「複眼」的に捉える本

トリン・T・ミンハ『女性・ネイティヴ・他者　ポストコロニアリズムとフェミニズム』竹村和子訳、岩波書店、二〇一一年

▼書いたものを読んでもらいたいのなら……

ロラン・バルト『テクストの快楽』沢崎浩平訳、みすず書房、一九七七年

第5講◉……2023年7月14日　創価大学図書館／10月23日　上智大学図書館

読書とは終わりのない旅である。

長崎尚志
小説家・脚本家・漫画原作者

似て非なる四つのジャンル

みなさんはじめまして、長崎尚志と申します。

私を講師に呼んでいただいたのは、同じ創作ではあるけれど似て非なる四つのジャンル――漫画編集者、漫画の原作者、そして映画の脚本や小説を書いている――に首を突っ込んでいる妙なやつと思われたからだと考えています。そこで、講義の前半は上述した四つのジャンルを、後半は私の読書歴を紹介します。

まずは、私が最初に就いた職業・漫画編集者について。そもそも、編集者になったのは大学生の頃にある噂を耳にしたからです。編集の仕事は作家や漫画家から原稿をもらってくるだけ、会社には朝早く来なくていいし、服装も髪型も自由。それを信じた私は、怠け者にできる仕事はこれしかないと考え、出版社に入りました。

とはいえ、学生生活やアルバイト経験から、そもそも社会に向いていないと思っていたので、あこがれの出版社さえも数年で辞めるだろうなと予想していました。ところが、その仕事が意外に水に合ったというのが人生の不思議なところです。

一種の面白エピソードですが、入社した出版社は、本当に退出社自由なフレックスタイム制でした。でも真面目な新入社員のフリをしたくて、毎日10時頃に出勤していたんです。すると、編集長が怒る。「おまえ、なんでこんなに早く来るんだ」って。首を傾げていると、「やることもないのに早く来なくていいんだよ」と言って自分の席に戻っていきました。変な会社ですよね。しかも、しばらくすると再び私の席に近づいてきて、「遅く来いと言っても、お昼頃に来いって意味だぞ。夕方はダメだからな」と補足しました。ちなみに基本の就業時間は、まともな会社と同じく9時30分～17時30分です。そういう会社だったので、なんとか勤まったんだと思います。

「雑誌の時代」の漫画

私が編集者だった頃は、雑誌が主役の時代でした。インターネットやスマホが登場する前ですから、漫画や雑誌が一番のお手軽な娯楽だった時期で、いろんな漫画雑誌が一〇〇万部直前の状態でした。ただし、漫画自体はきわめて社会的地位が低かった。新聞はもちろん、テレビや映画も公然と漫画をバカにしていました。「まるで漫画みたい」とか「漫画じゃあるまいし」という表現は今でも聞きますが、私たちの業界では差別用語とイコールです。

けれど当時は、「漫画の編集は誰でもやれる」と会社自体が考えていた節がありました。実際の現場はかなり厳しいいし、責任も重い。具体的には、担当した漫画家がつまらない原稿を上げて、それをそのまま編集長のところへ持っていくと、「面白くないのはおまえのせいだ」と怒られるんです。

今はヒットが絶対条件で、その作品がどんなに面白くても、人気がないと、担当編集者は評価されません。商売ですから当たり前です。でも私が編集者だった日々は何をやっても漫画はそこそこ売れていたので、ヒットや採算は度外視でした。代わりにどういう漫画が面白いか、勉強させられる時代だったんです。作品自体に人気がなくても、面白ければ許されていた。そういうところで、私は鍛えられました。具体的には、作家がつまらないものを書きそうな場合、代わりに自分で面白いストーリーを考え出すという作業です。

そう考えると、漫画原作を書き始めた理由は、上司に怒られたくないというマイナスの動機からだったんですね。

手塚治虫さんと、さいとう・たかをさん

漫画編集部の上司は、つまらない原稿を持ってきたら、作家に描き換えを要求したり、ひどいとボツにしていいと平気で言う。でも一担当者にしてみれば、自分が子ども時代に読んでいた漫画の作者相手に、ボツや書き直しを言えるかどうか……。私が担当した方々は、そういう巨匠が多かっ

たんです。

たとえば、手塚治虫さん。正真正銘、漫画の神様です。この人の作品に面白くないなんて、言えないですよね。実際、つまらない作品は描かない人だったのですが……。手塚さんはかなり変な人で、私が会った中では本物の天才でした。ただしなかなか描かないし、締切直前にいなくなる、原稿が遅い、落ちそうになる、という噂も本当でした。

手塚さんを担当していたというと驚かれますが、実はそんなに昔の人ではありません。今生きているとしたら、九五歳くらいです。トキワ荘に通っていたのかと尋ねられることもありますが、もしそうなら私も九〇歳後半になってしまう。トキワ荘に通っていたのは、私の上司の上司です。

さいとう・たかをさんも担当しました。代表作は**『ゴルゴ13』**。本当に大人物で、戦国時代に生きていたら天下を取るようなタイプの人です。編集者に一所懸命、漫画——あの人は劇画って言うんだけど——その作り方を教えてくれました。私のような若造が担当になっても、同格のパートナーとして扱ってくれたのです。

さいとうさんでよく注目されるのは、分業体制です。構成、画、背景、ストーリー、それぞれ担当している人が別、というシステムです。その中でさいとうさんは、漫画における肝の「構成」——いわゆるコマ割りを担当していました。実際、ヒットする漫画というのは仮に絵が下手でもコマ割りがうまい。逆に言えば、絵が上手でもコマ割りが

下手だとヒットしません。

では、分業体制とはどういうものか。さいとうさんはもちろん絵も上手だったのですが、自分より上手い人に、自分の作品を描いてくれるよう説得した。ストーリーが上手な人がいたら作品のシナリオライターとして雇い、背景や風景画が上手い人はアシスタントチーフに据える。

彼らは全員が元漫画家なので、ハッキリ言えば一癖も二癖もあって頑固です。本来チームワークなんかありません。でも、さいとうさんの前ではちゃんとする。給料はもちろん何から何まで、さいとうさんが誠実な対応をしていたからです。さいとうさんのすごさは分業体制にあるのではなく、人を掌握する力にあったと思います。同じシステムでやっている漫画家さんも大勢いますが、かなりの確率で苦労なさっています。

一番好きな漫画家・白土三平さん

さいとうさんの前、手塚さんと同時に担当したのが白土三平さんでした。みなさんの世代はあまり知らないかもしれませんが、一九六〇年代、七〇年代に一番注目された作家です。マルクス主義理論を取り入れた『**カムイ伝**』という忍者漫画は、当時の学生運動家のバイブルでした。大人が普通に漫画を読むきっかけとなったのは、白土さんと手塚さん、さいとうさんの業績です。

白土さんは田舎に住んでおられて、まるで隠遁者みたいな生活をしていました。余談ですが、白土さんの家にご飯を食べに行ったことがあります。海の幸が並ぶ食卓の中、見たことのない黒いキノコが山のように置いてあった。野山の探索やアウトドアが大好きだった白土さん曰く、「これは僕が発見した新種のキノコです。ぜひ食べてください」。その時は死ぬかもしれないと、本気で覚悟しましたね。

でも嬉しそうな白土さんを前に断ることはできません。一気に食べました。すると、白土さんがさらに言う。「お好きなんですね。塩漬けにしたものがいっぱいありますから、持って帰ってください」と。けど、やっぱり怖いじゃないですか。それで実家に行って、家族に食べさせました。全員無事でした（笑）。何と言いますか、人嫌いだけどいい方でした。私は漫画の中で白土三平の作品が一番好きだったんですが、人間も魅力的でした。

入社して一番最初に担当した漫画家は、石ノ森章太郎さんです。**『仮面ライダー』**の生みの親。辛辣ですが頭のいい人で、絵が死ぬほど上手かった。彼より上手い人を見たことがありません。園山俊二さんも担当しました。ユーモア漫画家で、早稲田大学漫研の初期のひとりです。遊び人だったけれど、同時に家庭思いでした。

それから、晩年の赤塚不二夫さん。**『おそ松くん』**や**『天才バカボン』**の作者ですね。担当者に無理強いして裸踊りさせるなんて噂もあったけれど、そんなことは一切なかった。むしろ、相手が好きなことに合わせてくれる人で、私とは映画の話で盛り上がりました。

藤子不二雄Ⓐさんとの思い出

藤子不二雄Ⓐさんも担当しました。『**オバケのQ太郎**』や『**忍者ハットリくん**』、『**笑ゥせぇるすまん**』などの作者です。面白い話が二つあるので、また横道に逸れてすみません。

彼は実家がお寺で、ベジタリアンじゃないけれど肉は食べませんでした。でも、人にNOと言えない性格が災いして、ある日、知り合いに「美味しいとんかつ屋があるから」と連れていかれた。当然、藤子さんは食べられない。しかも、出てきたとんかつは草鞋みたいなサイズでした。もったいないと思いつつ、知人の隙をついて窓から捨てたらしい。すると、「こんなに早く食べるなんて、よほどお好きなんですね」と知人がもう一枚頼んでしまって、大変困ったそうです。

ふたつ目。藤子不二雄Ⓐさんは『**少年時代**』という漫画を描いていて、それは映画化されました。その時、ご自身でプロデューサーを担当された。映画の主題歌はあの井上陽水さんの「少年時代」です。飲み仲間の井上さんに藤子さんが直接、曲を依頼したところ、「では歌詞を書いてください、僕が曲をつけます」と快く引き受けてくれたそうです。藤子不二雄Ⓐさんは歌詞を必死で書いて渡しました。自信作だったそうです。ところが、完成した曲にはその歌詞が一言も使われていない。実際、藤子さんが文句を言うと、井上さんは「いや、心はいただきました」と返事をしたそうです。曲の印税の半分は、藤子不二雄Ⓐさんに入っているとか。

ただ、藤子不二雄Ⓐさんと飲みに行くと必ずこの話を聞かされます。二回目までは初めて聞いたふりをして笑っていましたけれど、それ以降はちょっと困ってしまって、顔を下に向けてやり過ごしていました。そんな思い出のある方です。

担当した、ほかの漫画家さんは、弘兼憲史さん、矢島正雄さん、ジョージ秋山さん、高橋留美子さん、藤田和日郎さん、魚戸おさむさん、池上遼一さん、武論尊さんなどです。まあ、一番長いのは浦沢直樹さんですけどね。

プロとアマチュアの違い

編集者として創作する人を間近で見て、学んだことがあります。どうして作品が創れるのか……それは執念と覚悟があるからです。創作を続けられる人は、作品を背負う気概を持っていて、自己嫌悪に負けない。創作していると、必ず自分の下手な部分や失敗が見えてくるし、飽き飽きしてきます。そこでアマチュアはやめてしまうけれど、プロは最後まで書き抜く。これがプロとアマチュアの大きな差、というか壁です。

しばらくして気づきました。自分がこの出版界で楽しく仕事をしていられるのは、作家との付き合いや編集作業が楽しいのではなく、ストーリーを作ることだと。そこで原作や脚本、小説を書く仕事を専門にしてみたくなり、独立することにしました。幸いなことに、後輩が仕事を依頼してくれたので、漫画の原作者にはすぐになることができました。映画も浦沢さんとストーリーを共同制作していたので、『**20世紀少年**』の映画化を企画して、脚本を書くことができました。

脚本家やシナリオライターは忍耐が仕事

映画の脚本を書いて、分かったことがあります。映画は、とにかく手間と時間がかかる。理由はお金です。漫画は、担当編集者が編集長一人を騙せば実現します。本当に騙すのではなく、編集長を納得させるという意味ですよ。この作品がいかに読者に受け入れられるか、はったりでもいいからとにかくプレゼンして、編集長に「分かった」と言わせる。それでOKです。

でも映画の場合はもっといろんな人を騙さなければならない。全国公開のメジャー映画の製作費は、日本の場合、基本的に約三億円です。プラス三億円の宣伝費を乗せて、計六億円以上かかる。単純計算でそれを超える収入が見込めない限り、映画は実現できないんです。

だから、関係者や出資者がシナリオに物申します。まずはプロデューサー。自分のクビがかかってるので当然ですが、プロデューサーが所属する会社の偉い人も無理難題を言ってきます。通常、一年くらいはその折衝に費やされる。プロデューサー、そしてその会社と話がつくと、次は監督です。監督もかなり脚本をいじりたがる。確かに、自分の脳内にないものは映像化できないから仕方ないですね。それらをまとめて細部細部を書き直すうちに、また一年かかる。そしてやっと、本格的に実現に向け、動きだすことができるのです。

脚本家やシナリオライターは、基本的に忍耐の仕事です。すぐボツになるし、当たり前のように脚本をいじられる。自分の創作物に手を入れられると、へこむか傷つくか嫌になる人が多いでしょう。我慢強い人が、映像の脚本家やシナリオライターに向いています。

小説は先発完投型

対して小説は、いわば先発完投型です。私の場合は、達成感が一番強く、ただしあまり儲からないジャンルです。文芸の編集者は、漫画編集者とはタイプが違います。漫画は連載期間中、作者と編集者がほぼ毎回打ち合わせをしながら進めていく。でも、文芸の編集者は創作の過程では、たいてい何も言ってこない。企画がボツになったのではないかと作家は不安になりながら、半年かそれ以上の時間を費やして、孤独の中で作品を書き上げます。

作品を提出しても、編集者は編集者で忙しいので、一ヶ月ぐらい何の音沙汰もない。やっぱりボツになったのだろう、そうあきらめはじめた頃にようやく連絡が来て、相当な修正を要求されます。漫画の世界だと後出しジャンケンのようなこういう方法はナシなんですが、小説は普通です。

しかも小説はマーケットが小さいので、書き下ろしの場合原稿料はタダで、部数もそんなに刷らない。収入としては、かなり少ない。事実、芥川賞や直木賞を受賞した作家でも、中にはバイトをしながら創作を続けている人もいると聞きます。

けれど、小説は一番やりがいがあると思います。漫画だと原作者は、そうはいっても漫画家や編集者のおかげという自覚があり、映像の脚本は、撮影してはじめて現実になる。つまり監督やスタッフ、役者の力なくては実現しないものなのです。でも小説は、最初から最後まで自力で書き上げるので、満足感は最高です。

創作は模倣と学習、データの蓄積

今日のようなお話しをすると、必ず質問されることがあります。

「創作って、どうやってやるんですか?」と。

簡単に言えば、創作は才能ではなく、模倣と学習、データの蓄積です。数多くある作品の中で、この物語とあの物語は似ている。AとBは構造がそっくりだ。そういう〝分類〟ができる人が、創作に向いています。

たとえば、一九八五年にアカデミー賞を三部門受賞した映画『**キリング・フィールド**』と、一九八三年に日本で大ヒットした邦画『**南極物語**』。この二つの映画は、ラストの「泣きのパターン」が同じです。一九七九年に公開されたリドリー・スコット監督の『**エイリアン**』。これは、一九七七年に制作された同監督のデビュー作『**デュエリスト／決闘者**』と同じ手法を用いています。もっと映画好きならば、俳優グレゴリー・ペックが出演している一九六八年公開のロバート・マリガン監督作品『**レッド・ムーン**』と同じ構造だと、気づくかもしれません。三作とも、「見えない敵」「相手を殺すまで絶対に死なない敵」「異常にしつこい敵」というキャラクターで、観客の恐怖を煽る構造になっています。

創作と生成AI

「才能とは模倣とデータの蓄積」が本当ならば、創作分野は今後、生成AIが有利になるのではないか。そう思う人がいるかもしれません。そこでAIに対する私の考えを述べておきます。

工学的な部分は詳しくないので省きますが、ChatGPTをはじめストーリーを作れる生成AIも、ネタを明かせば模倣行為をやっている。古今東西のいろんなストーリーを収集し、構造を重視して話を構築しているわけですね。

でも、人間が介入しない限り、生成AIの生み出す話は非常に並列なものになる。朝起きて学校に行って、先生と喧嘩して、帰って映画を見て寝た。こういう話の場合、先生と喧嘩した原因はAIも面白く生み出すけれど、朝起きて寝るまでの各シーンは一直線に書くはずです。

物語は、条件付けていかなければ面白くなりません。今の例で言えば、先生と喧嘩するシーンから始めて、朝の場面は回想として描いた方が面白いかもしれない。物語を手塚風にしてみるのはどうだろう。生成AIで面白い新作を作ることはできるでしょうが、現段階では指示する人間側の才能が必要不可欠です。

それに人間は、小説を書いている間にもいろいろな経験を重ねていく。経験を積むことで人生観が変わり、創作にも影響を及ぼす。そういうものはAIにはないので、創作の分はまだ少し、コンピューターより人間が上にあるというのが私の考えです。

しかし、人間も定期的にデータを補充しなければ底が尽きます。一世を風靡したある有名な漫画原作者は、デビュー前に早川書房のポケット・ミステリと東京創元社の創元推理文庫を全部読んで、ネタを蓄えたそうです。けれど、何十年か後、彼がネタを使い切ったという噂を耳にしました。すると、その後の作品は確かにイマイチになってしまった。多分忙しくて、ネタを補充しないまま仕事だけをしていたのでしょう。

実はつい最近、私もデータが尽きてしまいました。少し前に小説を書き上げたのですが、依頼から三年近くかかってしまった。忙しさにかまけて勉強しなかったので、アイデアが尽きたんです。そのため二〇二三年いっぱいは、連載の仕事以外は引き受けず、読書や映画鑑賞に費やすことにしました。

最初の読書体験

ここまでが前半です。続いて、自分の読書体験について話します。

私の本好きは、小学校時代からです。最初に夢中になったのは、ジュール・ヴェルヌというフランスの作家。**『海底二万里』『八十日間世界一周』『十五少年漂流記』**などの作品で、SFの父とも呼ばれています。

本格的に本って凄い！と感動したのは、高学年になってからです。その本は、レイ・ブラッドベリの**『何かが道をやってくる』**（東京創元社）でした。さらに、今でいう殺人ゲームを題材にしたSF

小説『**標的ナンバー10**』(早川書房)や『**ロボット文明**』(東京創元社)を書いたロバート・シェクリイ。『**機動戦士ガンダム**』シリーズの元ネタになった『**宇宙の戦士**』(早川書房)を書いたロバート・A・ハインラインの作品など、SFやファンタジーを中心に読んでいました。

あとは、映画『ロード・オブ・ザ・リング』の原作であるJ・R・R・トールキンの『**指輪物語**』(評論社)。アーシュラ・K・ル＝グウィンの『**ゲド戦記**』(岩波書店)。ロイド・アリグザンダーの『**プリデイン物語**』(評論社)。アラン・ガーナーの一連の名作。それにミステリはエラリー・クイーンの小説が好きでした。

主に海外の作品を読み漁るうち、作家たちのネタ元が気になるようになりました。西欧の作家は、だいたい『アーサー王伝説』とか、ケルト、特にウエールズ伝説に影響を受けています。そこで海外の伝説や伝承を調べるようになり、そのうち日本の神話にも興味が出てきました。私の作品で最初に昔話が出てくるモチーフが多いのは、伝説への興味関心がもとになっています。

伝承からユング心理学、コリン・ウィルソンへ

伝説や伝承の勉強をしていくと、次に登場するのはユング心理学です。ものすごく簡単に言うと、精神科医で心理学者のカール・グスタフ・ユングは、神話や伝説は人間の深層心理から生まれたものだと考えました。先ほど紹介したル＝グウィンの『ゲド戦記』は魔法使いの主人公の成長を描く連作長編ですが、ユング心理学が下敷きになっています。

ユング心理学に関する本を読んでいると、日本で有名な河合隼雄さんの著作に必ず出会うはずです。そんな彼は、解説でローレンス・ヴァン・デル・ポストという作家に言及することが多い。気になった私は、ポストの作品を読んでみることにしました。

監督・大島渚、デヴィッド・ボウイ、坂本龍一、ビートたけし出演の映画『戦場のメリークリスマス』はご存じでしょうか。その原作がポストです。映画は『**影の獄にて**』（復刊ドットコム）の中の「**影さす牢格子**」と「**種子と蒔く者**」というふたつの中編をひとつに合わせたもので、世界的にも高い評価を受けました。でも、映画を観て、原作とその映像化ってやっぱり違うのだと、不満を感じました。正直、原作の感動は映画にはありませんでした。

高校時代に、イギリスの作家のコリン・ウィルソンの本と出会いました。オカルト現象を認めてしまったために、イギリスでも日本でもキワモノ扱いされていた人ですが、ウィルソンの本自体は相当に難しい哲学書です。ウィルソンは、二十四歳のときに書いた『**アウトサイダー**』（中央公論新社）という評論で有名になりました。びっくりなのは、その年齢で彼が古今東西の名作や哲学書を全部読んでいたことです。彼は、「歴史上に名を残した人間は大抵が孤独で、疎外感を持っていてひがみっぽく、下手すると犯罪者に走る連中がほとんどだ」というようなことを述べています。そのうえで、どうやったらそういうタイプが人類に貢献する人間になれたのかの分析を、人生の命題と考えていました。

夢中になったサスペンス小説

大学に入ってからはドストエフスキーなどの古典を読み、会社に入ってからはサスペンスも読むようになりました。石ノ森章太郎さんや手塚治虫さんは、意外とSFではなくサスペンスを読んでいたからです。

たとえば、ポーラ・ゴズリング。代表作は**『逃げるアヒル』**（早川書房）で、シルヴェスター・スタローン主演の映画『コブラ』の原作ですね。ちなみに、映画はひどい内容でした。ジョン・ヒューストン監督の映画**『マッキントッシュの男』**の原作を書いた、デズモンド・バグリィの作品も好きでした。彼は冒険小説やスパイ小説を書いていて、私が世界情勢に興味を持つきっかけになった作家です。

ローレンス・サンダースというアメリカの作家の作品も、夢中になって読みました。**『魔性の殺人』**（早川書房）という非常に長い物語を書いていて、個人的にはドストエフスキー**『悪霊』**（光文社）と匹敵する作品だと思っています。裏話ですが、**『MONSTER』**という作品は、浦沢さんといっしょに作っていましたが、そのネタとして出したひとつが、『魔性の殺人』です。もちろん、そのことは浦沢さんは知りません。

『死にゆく者への祈り』（早川書房）、**『鷲は舞い降りた』**（早川書房）など、何冊もベストセラーを書いた作家のジャック・ヒギンズも好きな作家です。ヒギンズは、アイルランド共和軍（ＩＲＡ）やアイルランド問題をテーマにした小説を多く書いています。残念ながら、当時の私は世界情勢にうとかった。そこで物語をより深く理解するため、ノンフィクションにも手を伸ばしました。アイルランド問題、原発、ダイヤモンド市場、東西の冷戦……とにかく何冊も読んだ。その読書経験が『ゴルゴ13』の担当になった時、役に立ちました。

無限に広がる読書という旅

非常にざっくりと読書遍歴を紹介しましたが、読書とは終わりのない旅です。ひとつのジャンルの本を読むと、分からない分野が出てくる。そのことを調べるために、別の本を読む。そうやって無限に広がっていくからこそ、面白いんです。

最後になりましたが、創作をやりたい人は、ぜひチャレンジしてみてください。何かに挑戦したいと思った人だけが、それを実現することができます。やってみたいと思えることが最初の才能です。夢ばかりを追うなと言われることもあるかもしれませんが、本気で夢を追う人は少ない。だからこそ逆に、みなさんには夢を実現できる可能性があります。

◉質疑応答

Q1　読書は人生にどういう影響を与えるか、長崎さんのお考えを伺いたいです。

読書すると、人生がどうでもよくなる……というのは言い過ぎかもしれませんが、一時、現実を忘れることができます。そして読み終わると、少し強くなれます。ただ私の場合は、ネタ探しのための読書が多いので、みなさんとは少し違った影響を受けているかもしれません。つまらない本と出会うと、途中で読むのをやめたくなりますよね。でも、仕事の視点で読んでいる私は、しめた！と思う。面白くない＝ほとんど誰も読んでいない本なので、膨らませたら面白くなるアイデアが中にあるかもしれない。あまり人には勧められない、あざとい読書法ですけどね。

Q2　たくさん本を読むうちに内容を忘れてしまうことがあるのですが、どうしたらいいでしょうか。

内容を忘れるだけなら、まだいい方です。私は、読んだことのある本を三冊持っていたりする。読んでないと思って買ったり、終わりに近づいてからやっと既読の本だと気がつく。面白かった部分自体を忘れていたり……。でも、忘れるのは悪いことではないと思いますよ。何度も手に取る本というのは、間違いなく自分の関心があるテーマのはずですから。

Q3　本の中でも、漫画は特に電子版が広まっていると思うのですが、電子版と紙の違いやそれぞれの良し悪しがあれば教えてください。

今、漫画は電子版の方が売れています。漫画家の大半も、電子版は普通のこととして見ていると思います。本音を言えば戸惑う気持ちもあるにはある。一番感じているのは、電子版では見開きの美学がなくなったことです。上手い漫画って、ぱっと開いた時に面白そうに見える構成になっている。その技法のひとつが見開きだった。でも、電子版で見開きを使うと顔半分が見切れてしまう可能性があるので、最近は一ページ勝負が増えました。電子化に合わせて、漫画の書き方も変わってきています。現代は家が狭いし、本を置くスペースにも限りがあるので、書籍の電子化はしょうがないと思います。

Q4　作家や漫画家になりたいと思ったとき、自分に才能があるのかないのかを見極める方法はあるのでしょうか。才能がないと自覚しても諦めることができない場合は、どうしたらいいでしょうか。

自分に欠けているものが何か分かる人は、才能があると思います。完成した作品を前に、自分はすごいと考えるのではなく、こういうことが苦手だ、ここが欠けていると判断できる。マイナスなことを言っているようですが、自分に足りない部分を判断できる人こそ、創作の才能を持っています。

先ほども言いましたが、アマチュアとプロの違いは最後まで捨てずに創作を続けられるか否かです。まずは、最後まで作品を完成させること。創作は失敗と練習の積み重ねです。あきらめられないなら、続けるべきだと思います。ただ、創作だけに専念すると、視野も社会的な視点も狭くなってしまいます。働きながら、つまり一度社会経験を積んでからでもいいと思います。大変ではありますが、できないことではないはずです。

Q5　将来、原作者やシナリオライターのような仕事をしたいと思っています。どうすれば原作者になることができるでしょうか。

まずは、本や資料を読んで勉強することですね。創作をしたいのであれば、読書の「質」が大切です。時間をかけて小説を読んで、物語の構造をじっくり研究する。逆に資料となるノンフィクションは、とにかく量を読んでください。できれば二日で一冊読んで知識を身に付け、その上で作品に落とし込む技術を学ぶ。平行して、時間をかけて原作や脚本の形に沿ったものを書く技術を磨くのがいいと思います。

Q6　漫画の連載の場合、物語全体の構成はどの程度まで考えているのでしょうか。結末を決めていても、読者の反応によっては臨機応変に変えていくのでしょうか。

オチを決めていても、四～五年連載するうちに自分自身が飽きてしまったりします。なので、読者の反応というより、自分と担当編集の反応で調整していく人が多いです。もちろん、おおよその流れは最初に考えています。けれど漫画は、完結後ではなく連載中に評価されるジャンルなので、重要なのは「この一話をどう面白くするか」です。できるだけ本筋からはずれないようにしつつ、一話ずつを面白くする方法を考えていく。時々予定にない、とんでもなく面白いオチを思いついてしまう場合もあります。結果、次回どうしようって、逆に悩むんですけどね。

Q7　船戸与一先生のファンなのですが、何か思い出深いエピソードがあれば教えてください。

船戸さんは『ゴルゴ13』のシナリオを書いていましたが、僕の前任の編集者が担当していたので、よくは知らないです。なので、知り合いに聞いた話を紹介します。

今のロシアがまだソ連だった頃、その末期に船戸さんはモスクワに行ったんですね。ガイドが「ここはKGBの本部です」と言ったところ、船戸さんはいきなり道の真ん中に立ち、カメラを構えて外観を撮り始めた。当時のソ連を考えれば、スパイ容疑で逮捕されておかしくない行動なので、周りの人は知り合いではないふりをしました。しかし堂々としすぎて警官も唖然として、そこでは船戸さんは捕まらなかった。ですがどこかの国境で、そのフィルムは没収されたそうです。ちなみに、その話を聞いたさいとう・たかをさんは「ええ話やないか。さすが凄い根性や」と笑っていたそうです。

Q8　私のイメージなのですが、漫画家さんって結構変わった方が多い気がしていて。面白いエピソードや、漫画家や作家の方と関係性の構築で気を使ったことがあれば教えてください。

変わった人しかいないので、どうしたらいいでしょう(笑)。手塚治虫さん……さっきも言いましたが、変な人でした。仕事に疲れると、すぐに映画の試写会に行っちゃう人です。手塚さんの動きを把握したければ、本人ではなく手塚さんの車の運転手さんを追いかけるのがいい方法でした。なので、担当だった頃は運転手さんが動くと、こっそり尾行していました。

ある締め切り前のことです。手塚さんが仕事場を抜け向かった先は、立ち木バサミで人の頭を切る怪物の出る悪趣味ホラー映画の試写会でした。上映終了後、手塚さんがちゃんと仕事場に帰るか監視したところ、真面目に戻っていきました。その直後、私は何食わぬ顔で仕事場に戻りました。すると、〝まさに仕事中でした。疲れています〟みたいな演技の手塚さんが現れ、私にあいさつしました。「先生が銀座あたりを歩いていたという話を聞いたんですが」と、わざと言った私に、手塚さんの答えはこうです。「僕じゃありません。僕にそっくりな人は日本中にいっぱいいます」。さすがに笑ってしまいましたね。あんたにそっくりなやつはいないよ、と。しかも後日、ファンクラブの挨拶で「あの映画はひどい。観ないほうがいいですよ」と言っていました。

まあ、変な人ばかりなのは間違いないですが、意地悪な人はいません。あなたが漫画が好きであれば、みんなだいたい好意的に接してくれます。

Q9　長崎さんがこれから新しく取り組みたいことはありますか。

今、やっているのは、人形浄瑠璃文楽の仕事です。演者に知り合いがいるのですが、最近、演者希望の若者が減っていて、どうにかしなければと悩んでいる。そこで、時代劇の名作漫画……たとえば『どろろ』とかを文楽の新作にできないかと。今、具体的に動いている最中です。

文楽は一度、映像でもいいので見てみてください。面白いですよ。十頭身くらいの人形が梯子を上り下りしたり、人を刺したりする。それがもう、本当にかっこいい。元大阪府知事の橋下さんはつまらないと言ってましたが、ラグビーの試合だって、つまらないものがいくつもありますよね。文楽の復興、それが今一番やりたいことです。

★ながさき・たかし＝漫画原作者、小説家、脚本家。大学卒業後、出版社に就職。編集者として二〇年間勤務。週刊マンガ誌編集長を経て独立。主な漫画作品に『MASTERキートン』『MASTERキートンReマスター』、リチャード・ウー名義で『卑弥呼』『クロコーチ』『ディアスポリス』『警部補ダイマジン』など。小説に『闇の伴走者』『パイルドライバー』『風はずっと吹いている』『キャラクター』『人狩人』など。映画脚本に『キャラクター』『20世紀少年』（一部〜三部）など。

読書案内

▼担当した漫画家とその代表作

手塚治虫『どろろ』復刊ドットコム、二〇一九年
さいとう・たかを『ゴルゴ13』1巻〜、リイド社、一九七三年〜
白土三平『決定版　カムイ伝全集』全38巻、小学館、二〇〇五〜二〇〇七年
石ノ森章太郎『仮面ライダー』全2巻、秋田書店、二〇一三年
赤塚不二夫『おそ松くん』全21巻、竹書房、二〇〇四〜二〇〇五年

赤塚不二夫『復刻版　天才バカボン』全16巻、講談社、一九九九年
藤子不二雄Ⓐ『少年時代』全3巻、復刊ドットコム、二〇一四年

▼夢中になった作品

レイ・ブラッドベリ『何かが道をやってくる』大久保康雄訳、東京創元社、一九九二年
ロバート・シェクリイ『標的ナンバー10』小倉多加志訳、早川書房、一九六七年
ロバート・シェクリイ『ロボット文明』宇野利泰訳、東京創元社、一九七八年
ロバート・A・ハインライン『宇宙の戦士』内田昌之訳、早川書房、二〇一五年
アーシュラ・K・ル＝グウィン『ゲド戦記』全6巻、清水真砂子訳、岩波書店、二〇〇九年
ローレンス・ヴァン・デル・ポスト『影の獄にて』由良君美・富山多佳夫訳、復刊ドットコム、二〇二四年

▼おすすめのサスペンス小説

ポーラ・ゴズリング『逃げるアヒル』山本俊子訳、早川書房、一九九〇年
デズモンド・バグリィ『マッキントッシュの男』矢野徹訳、早川書房、一九七九年
ローレンス・サンダーズ『魔性の殺人』中上守訳、早川書房、一九八二年
ジャック・ヒギンズ『死にゆく者への祈り』井坂清訳、早川書房、一九八二年
ジャック・ヒギンズ『鷲は舞い降りた』菊池光訳、早川書房、一九九七年

第6講◉

記憶の痕跡をたどって

2023年6月17日　東洋英和女学院大学図書館

小林エリカ
作家・マンガ家

◉記憶や過去、歴史、時間、「放射能」といった「目に視えないもの」をテーマに、ジャンルを超えた創作活動を行っている小林さん。創作を通じ、「目に視えないもの」を考え続ける小林さんの源泉には、一冊の本と家族の歴史があった。その講義の内容を抜粋し、レポート形式でお伝えする。（編集部）

アンネの日記と父の日記

十歳の時、初めて夢中になる本と出会いました。アンネ・フランク『**アンネの日記**』（文藝春秋）です。第二次世界大戦時、ナチ・ドイツに追われたユダヤ系のドイツ人少女アンネが、一三歳から一五歳の二年の間に《隠れ家》で綴った日記ですね。

『アンネの日記』には、こんな一文があります。「わたしの望みは、死んでからもなお生きつづけること！」。そのために、アンネは作家かジャーナリストになりたいと書いていたんですね。

十歳の私には衝撃でした。作家かジャーナリストになれば、死んだ後も言葉を残すことができる。アンネに憧れた私もまた、同じ夢を目指すようになります。

その後、しばらくして小林さんは実家の本棚から父親の日記を見つける。それは、当時十代だった父親が、第二次世界大戦中の一九四五年から敗戦後までの日々を記録した日記だった。強制収容所で亡くなったユダヤ人の少女アンネと、ナチと同盟国の大日本帝国の少年だった父。二人が同じ年に生まれていることに気づいた小林さんは、『アンネの日記』と「父の日記」を手に、アンネの足跡をたどる旅に出ることにしたという。

アンネが亡くなった場所ベルゲン・ベンゼン強制収容所から、生まれた町であるフランクフルト・アム・マインの町まで、足取りを遡るように旅をしました。

アウシュヴィッツ強制収容所、隠れ家のあったアムステルダム——その旅の経験をもとにしるした作品が『**親愛なるキティーたちへ**』（リトル・モア）です。

キュリー夫人の日記とスグリのゼリー

また、小林さんは「父の日記」を読む中で、気になる一文を見つけた。

「『**キュリー夫人伝**』を読了」。

この文章が記されていたのは、父の誕生日。敗戦直後に、なぜ父はこの本を読んだのか？　その謎が小林さんを「放射能」の歴史の探究と、「放射能」の名づけ親であり、放射性物質ラジウムを目に見える形で初めて取り出した女性科学者マリ・キュリーのリサーチへ向かわせた。

二〇〇七年頃、私はアメリカ・ニューヨークに半年間留学していました。そこで『ニューヨーク・タイムズ』を読んでいた時、偶然にもキュリー夫人の次女エーヴ・キュリーさんが亡くなったという記事を見つけました。なんと彼女は、私が毎日通っていた道の近くに住んでいたんです。

子どもの頃、キュリー夫人の伝記や漫画を読んだことがある人はいますか？　元になった本は、エーヴさんが書いた伝記……娘による母の伝記です。そのことを知った私は、マリ・キュリーにいっそう興味が湧きました。

エーヴさんが書いた『キュリー夫人伝』を読んでみると、実に面白いんですね。スグリのゼリーの作り方や、娘の歯が抜けたといった日常の記述とともに、「ラジウムが莫大な放射能を持っている可能性がある」といったことを、キュリー夫人はノートに記していた。この時の驚きとスグリのゼリーをモチーフに、私は『**マダム・キュリーと朝食を**』（集英社）という小説を書きました。

未来まで残り続ける指紋

小林さんが日本に戻り、『マダム・キュリーと朝食を』を書くまでの数年間。その間に、日本では大きな出来事が発生した。二〇一一年の、東日本大震災と東京電力福島第一原子力発電所の事故である。突如身近になった「放射能」、原発に関するたくさんの議論。それらを目にしながら、小林さんは思ったという。

一〇〇年少し前に発見された「放射能」は、いったいどんな人たちの手や選択を経て、私たちのところへやってきたのか？　一〇〇年の道筋を辿ることで、一〇〇年後の未来も考えられるのではないか？　そこで、小林さんはマンガ『**光の子ども**』（リトル・モア）シリーズを描き始める。

同じ時期、小林さんはマリ・キュリーの「実験ノート」の行方が気になっていた。現存しているのか調べてみると、なんとノートの一冊は明星大学図書館の貴重書コレクションに所蔵されていることが判明。早速、小林さんは明星大学図書館に向かった。

キュリー夫人の「実験ノート」。それは布張りの普通の可愛らしいノートだった。ただし、放射線測定器をかざすと、いまだに表紙は線量が高い。ラジウムやポロニウムを素手で扱っていたキュリー夫人の指紋には放射能が残っており、その指で触れていた部分は今なお線量が高く測定されるのだという。

第6講

彼女が発見した放射性物質ラジウムの半減期から考えると、キュリー夫人の指紋は、三五〇〇年頃の未来までノートの上に残り続けることになります。もしかしたら、その時にはマリ・キュリーという名前さえ残っていないかもしれない。でも、彼女の指紋や痕跡だけは、放射能という目に視えないものを通して存在している。そのことに恐怖を感じつつも、私は強く心惹かれました。

ベルリン・オリンピックと聖火リレー

キュリー夫人は、現在のチェコ・ヤーヒモフ（ヨアヒムスタール）から運んだ鉱石の中から、0.1ミリグラムの放射性物質ラジウムを世界で初めて取り出した。その鉱石に興味を惹かれた小林さんは、実際にヤーヒモフまで向かう。

ヤーヒモフは、プラハからバスとタクシーで二時間ほどの小さな町です。中央の通りを歩いていたとき、ある壁にオリンピックのエンブレムマークが掲げられているのを見つけました。エンブレムの下に刻まれていた数字は、一九三六年。ナチ・ドイツによる、ベルリン・オリンピックの時のものです。

かつてのヤーヒモフでウラン鉱石を採掘していた鉱夫の多くは、ドイツ系住民でした。もしかしたら、壁にオリンピック・エンブレムを掲げたのはドイツ系住民で、ベルリンで行われるオリンピックを歓迎する気持ちがあったのかもしれない。戦後、ドイツ系住民は町を追い出されたので、現在はほとんどいません。しかし、エンブレムだけはそこに残ったのだと思います。

オリンピックの聖火リレーも、ベルリン大

会で初めて行われたものです。ヤーヒモフの町の住人も聖火リレーを待ち望んだでしょう。しかし結局、聖火は別の町を通過してベルリンへ向かいました。また、ナチ・ドイツは、聖火リレーのルートを遡るように、近隣諸国を侵攻していったといわれています。聖火リレーのトーチを制作した、クルップ社が作った戦車に乗って、です。

ベルリン・オリンピックの次、一九四〇年のオリンピック開催予定地は東京だった。小林さんが調べたところ、一九三六年の『時事新報』には、ナチ・ドイツのハーケンクロイツ旗と日本国旗、オリンピック旗の三つを少女たちが掲げている写真付きの記事が掲載されている。当時の日本は、次期オリンピックの開催地として大いに盛り上がっていたのだ。しかし、日中戦争がひどくなり、太平洋戦争の開戦が迫る中、日本は開催権を返上。一九四〇年に、東京でオリンピックが開催されることはなかった。

今なぜここにいるのか

時は流れ二〇一九年、本来ならば二〇二〇年に開催される予定だった東京オリンピックに向け、日本は過去と同じく盛り上がっていた。そのさなかに、国立新美術館で「話しているのは誰？ 現代美術に潜む文学」展が開催される。

この展覧会で小林さんは、オリンピックの歴史と、「放射能」や核の歴史を絡めたインスタレーション「彼女たちは待っていた」を発表。講義では、『時事新報』の写真の少女たちをモチーフにした「彼女／Her」という作品などを紹介した。

その後、ウランから原子爆弾を生み出そうとする各国の闘い、戦後、平和利用として原子力発電所がつくられたことを語った小林さんは、最後に次のようにまとめた。

私は大きな歴史ではなく、今なぜここにいるのか、なぜこの社会で生きているのか知りたくて、作品をつくり続けています。特にここ二〇年くらいは、「放射能」の歴史をリサーチしながら、自分の家族にまつわる記憶や日記をテーマにしています。

最近では、第二次世界大戦中に学徒動員され、風船爆弾づくりをしていた女学生たちを描く「風船爆弾フォリーズ」を『文學界』に短期連載中です（『**女の子たち風船爆弾をつくる**』に改題、文藝春秋より刊行）。ちなみに、この作品は寺尾紗穂さん企画で、私が脚本を書いた「女の子たち　風船爆弾をつくる」という音楽朗読劇にもなります（Vimeoにて有料配信中）。もし興味がありましたら、ぜひ観劇にいらしてくださいね。

◉質疑応答

Q1　将来、作家やライターのような職を目指しているのですが、小林さんは作家になるために努力をしたことはありますか。

作家を目指している方がいらっしゃるのは、大変心強く嬉しいです。私の場合、子どもの頃からアンネ・フランクに憧れていたので、作家かジャーナリストになりたいと思って書き続けていました。

でも、今になって振り返ってみると、「作家」とは「何かを書き続けている人」だと思うんです。作品が評価されたり、本が出るというのはもちろん重要かもしれません。一方で、たとえば、老年で初めて作品を発表の機会があるとか、ひょっとしてそれが死後である時。もしもそれまで作品を誰にも見せる機会がなくとも、ずっと書き続けていたのであれば、その人はその間も作家だったはずです。情熱を持って書き続けるというのは、忙しければ忙しいほど難しい。それでも書き続けることが、作家として何より大切な努力だと最近は思っています。

Q2　多少納得のいかない作品でも、書き続けていくべきでしょうか。

たとえ納得がいかなくても、また次があります。私は答えを出すために書いているというより、そのテーマをわかろうと努力するために、また次、次と作品をつくっている。だから、ぜひ書き続ける中で理解を深めて、答えを探っていってください。

それと私が心がけているのは、自分の心に誠実になることです。たとえば、アウシュヴィッツ強制収容所を訪れた時。現実で凄惨な虐殺が起きた場所ですから私は背筋を伸ばしつつも、同時に空腹を感じていたんです。そんなことを作品に書くのは、不謹慎かもしれない。一瞬躊躇したけれど、そういう部分を含めて、私は私自身に誠実でありたい。何より、そこをきちんと書いていける作家でありたいと思っています。

Q3　作家として最初に書いた作品について、時期や内容を覚えていますか。

子どもの頃から書くのが好きで、気づいたときには物語を作っていたので、この時期から作家だったとは断言できないですね……。でも、大きな転機になったのは、やっぱり『親愛なるキティーたちへ』を書いたときです。

親しい人の中でも、父親は家族という一番近い場所にいる人でした。しかも一緒に住んでいたので、父のことは何でも知っている気持ちでいたんです。でも、父が日記に書いていたような話は、一度も聞いたことがなかった。そのとき、どんなに親しくても知り得ないこと、わかりあえないことがあるのだと実感しました。

けれど、それは絶望的なことではありません。わからないからこそ、知ろうとすることができる。無理やり聞き出すのではなく、わからないという前提があることを知って、そこから考える。本当に大切なことです。それに気がついたことが私にとっては大きな転機で、以来、書くものも変わっていったように思います。

Q4 小林さんは、キャラクターとストーリーどちらを先に考えるべきでしょうか。また、どちらから考えるべきでしょうか。

作家さんによって本当にそれぞれですから、自分にとって書きやすい方で大丈夫だと、私は思います。私の場合は少々特殊で、リサーチに重点を置いています。リサーチする中で見つけた痕跡や、そこにある声みたいなものをどうやって拾って、どうやって書くか。そういう書き方をしているので、キャラクターもストーリーもその中から自然にうまれてゆきます。

Q5 どれくらいのスパンで一作を書き上げますか。

私は本当に遅筆なんです……。それこそ、リサーチに十年かけて一作を書いたりする。我ながらがっかりすることもあるけれど、書けると思えるところまで調べないと、私は作品をつくれないいんです。

一例でいうと、小説『**トリニティ、トリニティ、トリニティ**』（集英社）は、初めて原爆実験が行われたトリニティ・サイトという場所をもとにしています。私が初めてトリニティ・サイトを訪れたのは確か二〇〇七年前後のことで、小説を発表したのは二〇一九年……。その間に他の作品を書いたりしてはいるけれど、時間が経てば経つほど焦る一方でした。でも、自分が納得できるところまでリサーチしなければ、書くことはできない。書きたいことはたくさんあるけれど、何せリサーチに時間がかかるので、ストックが溜まる一方で困っています（笑）。

Q6　作品を仕上げられない時、どうやって自分を奮い立たせていますか。

一度、手放すようにしています。二〇〇枚近く書いた労力を思うと後ろ髪を引かれるけれど、筆が進まないとか、どうしても納得がいかない場合は、根本から見直した方がいい。私はそう思っているので、進まない場合、最近は特に最初からやり直すことが多いです。

それから、どうして書けなくなっているのか、その理由をちゃんと考えるようにもしています。ワクワクできない、夢中になれない。もしくはリサーチが足りなかった。何か原因があって書き進められないはずなので。無理はせず、しばらく違うことに取り組んで、どうしても書きたくなったら再開したり、いちから書き直したりします。

Q7 作家になってよかったと思っていることや、使命感みたいなものはありますか。

過去の誰かによって記された一冊のノートが今、残っている。そのことをいつも深く考えています。アンネのように日記を記した少女は、過去にもたくさんいたでしょう。でも、そのうちの多くは日記自体を未来に残すことができなかったし、そもそも書けなかったという人もいたかもしれません。『アンネの日記』は、本当にいろんな人の手を経て、私たちに届けられている。そのことを思う度、奇跡以外の何ものでもないと感じます。

講義の最後に少しお話ししましたが、私は今、風船爆弾作りのために学徒動員された女学生についての小説を書いています。歴史に名を残した偉い人の日記などはたくさん残っている一方で、「名もなき」と言われるような女学生の証言は、多くは残されていません。それでも、調べてみるとそれぞれの学校が証言を集めてきちんと残していたり、本当に小さな学内の記録集が存在していたりする。

わずかだけれど、確実にそこに残され、手渡されたものがあるというのはとても嬉しいことです。そして、それを受け取ったならば、私も後世に手渡さなければならない。そんなミッションみたいなものを感じて、作家をしている部分がありますね。

記録されていないことの方が多いけれど、その記録されていない人生が大事でないわけではない。そう気づいてからは少しでも残された痕跡があるならばそれをたどり、その向こうにあるものたちの声に耳を傾けたいと思っています。

★こばやし・えりか＝作家・マンガ家。著書に『トリニティ、トリニティ、トリニティ』『マダム・キュリーと朝食を』『親愛なるキティーたちへ』『光の子ども 1〜3』『最後の挨拶 His Last Bow』『彼女たちの戦争 嵐の中のささやきよ！』、絵本『わたしは しなない おんなのこ』など。一九七八年生まれ。

読書案内

▼初めて夢中になった小説

アンネ・フランク『増補新訂版 アンネの日記』深町眞理子訳、文藝春秋、二〇〇三年

▼『アンネの日記』と「父の日記」をもとに

小林エリカ『親愛なるキティーたちへ』リトル・モア、二〇一一年

▼『キュリー夫人伝』を読んで

小林エリカ『マダム・キュリーと朝食を』集英社、二〇一八年

▼「放射能」の過去と未来を考える

小林エリカ『光の子ども』1巻〜、リトル・モア、二〇一三年〜

▼リサーチに時間をかけて

小林エリカ『トリニティ、トリニティ、トリニティ』集英社、二〇一九年

第7講◉

写真集を読んでみよう

2023年5月20日　成城大学

永田浩三
ジャーナリスト・
武蔵大学教授

写真の歴史　①誕生

今日は数多ある本の中で、「写真集」という世界に焦点を当ててお話ししようと思っています。本に親しんでもらうことが目的なので、写真の歴史に関する書籍もあわせて取り上げていきますね。

講義に入る前に、まずは私のことを簡単に紹介します。現在は、武蔵大学社会学部の教授として、ドキュメンタリーやジャーナリズムについて教えています。その前は、NHKのディレクター／プロデューサーとして、「NHKスペシャル」「クローズアップ現代」などの番組制作をしていました。

実はこの講義の後、私が監督をした映画『闇に消されてなるものか 写真家 樋口健二の世界』の上映会と講演会があります。写真家・樋口健二さんの人生を追いかけたドキュメンタリーです。樋口さんは世界で初めて原発の炉心部で働く労働者たちの現実を撮影し、日本人として初めて「核のない未来賞」教育部門賞を受賞しました。『**樋口健二報道写真集成**』（こぶし書房）には、オレンジ色の防護服を着てこちらを見つめる作業員の写真が収められています。

それでは、「写真の歴史」を見ていきましょう。そもそも、写真はいつから生まれたのか。写真技術が生まれたのは、今から二〇七年ほど前だといわれています。その技術を用いて、初めて「写真」を撮影したのが、ニセフォール・ニエプスです。化学や光学、物理学などの専門家だった彼は、一八二四〜二六年に写真の撮影に成功する。左右には建物らしき影があり、真ん中には三角形の屋根が写っているように見える一枚です。当時、露光には八時間かかったと言われている。非常にぼやけているので、この写真に何が写っているのか、私には未だにはっきりと分かりません。

ニエプスが使ったカメラは、「カメラ・オブ・スキュラ」と呼ばれる木の箱です。今、我々が使用しているカメラは、一瞬で撮影ができますよね。でも、当時は印画紙に露光するために八時間〜数日間かかったと言われています。彼の時代は、光学と化学の両方を知っている人が写真を撮れたんですね。ニエプスのことをもっと詳しく知りたい方には、オデット・ジョワイユー『**写真の発明者ニエプスとその時代**』（パピルス）という本をおすすめします。

写真の歴史　②写真技術の黎明期

ニエプスの時代から少し進んだ一八〇〇年代半ば、ウィリアム・ヘンリー・

フォックス・タルボットが登場します。化学や数学だけでなく語源学にも通じた彼は、写真技術の先駆者として新たな地平を切り開きました。

タルボットが撮影した写真は、どれも絵画的です。農家の建物の一角、梯子のかけられた小屋……静物画のようです。ただ、写っている人物たちからは、個性や歴史的なドキュメントは感じられません。というのも、当時の写真は絵画の代わりだと捉えられていた。タルボットは絵描きに引けを取らないよう、日常の一コマを美しい絵画のように記録していきました。

写真の黎明期には、麻酔を使った手術現場の写真もさまざま撮影されました。医学が劇的に進歩していく過程で、写真の記録が残されていった。物理学や化学が専門だった写真家たちは、科学技術のトップランナーとして、医学の現場にも深い関心を抱いていたのだと思います。

この頃、フランスには有名な詩人シャルル・ボードレールがいました。代表作は、詩集『悪の華』（新潮社）です。彼はこんな言葉を残しています。「写真くんよ、謙虚で、行儀よくあれ！」。写真は、絵画のように威張るなと、ボードレールは皮肉を言いました。しかし、ボードレールの肖像を撮影したナダールの写真は、人物の内面に迫る見事なものです。

アメリカを見てみましょう。一八六〇年代、アメリカでは奴隷制度をめぐって南北戦争が勃発。一八六三年には、ゲティスバーグの戦いが起きました。この戦場で命を落とした兵士たちの姿が撮影されたことで、初めて死者が写真の中心になります。

この戦争以降、銅版画（エッチング）と写真の順番が入れ替わりました。もともとは記録としての版画が先で、写真はその次でした。ところが、ゲティスバーグの戦いでは先に写真が撮られ、それをお手本に銅版画が作成されました。まだまだ写真の焼き増しには、お金がかかった時代です。写真の代わりに写真を真似た版画が制作され、それが印刷され大量に配布されていった。写真がメディアとして一人前になったと、認められたわけですね。

写真の歴史　③日本における変遷

さて、日本における写真の変遷はどのようなものだったのか。一八〇〇年代半ば、日本は幕末です。当時の日本人も好奇心旺盛で、外国の技術をいち早く取り入れた。写真は魅力にあふれた新技術として、社会に受け入れられていきました。

上野一郎・小沢健志監修**『レンズが撮らえた　幕末の写真師　上野彦馬の世界』**（山川出版社）という本があります。タイトル通り、上野彦馬は幕末～明治にかけて、長崎中心に活躍した写真師です。彼が初期に撮影した人物の多くは正装で、スタジオで照明が当てられ、じっと一点を見つめている。写真撮影は文字通り、一生の思い出、命の輝きを記録しました。

上野彦馬は、長州藩の志士・高杉晋作や勝海舟、坂本龍馬、若い頃の伊藤博文の写真も撮りました。たとえば坂本龍馬の写真の足元をよく見ると、草鞋や下駄ではなく靴を履いていることが分かる。伊藤博文は、なんとなくポーズを取っているように見えます。服装からは時

代の流れを、ポーズからは写真技術のわずかな向上が窺えます。日本の人々が写真に興味を持ち始めた時期ですが、当時はまだ写真は非常に高価なものでもあったんですね。

そんな写真を、大衆に普及させるのに貢献した人物がいます。下岡蓮杖です。彼は横浜や浅草に、初めて写真撮影所を建てました。また、スタジオ撮影とともに、外での写真撮影を始めたのも彼です。技術が向上し、クリアな写真が撮影できるようになっていった。そのため、正装で立っている／座っている写真から、「場面」や「状況」を記録する写真が増えていきました。下岡蓮杖のことを知りたい方は、大島昌宏『**幕末写真師　下岡蓮杖**』（学陽書房）という書籍がおすすめです。

江戸幕府最後の将軍・徳川慶喜も写真が大好きでした。好奇心の塊だった慶喜は、写真に興味があり、農作業をする人々の姿や走る汽車、側室の写真などを撮っている。特に側室の写真は、ただ撮ったというよりも、その女性の人格が見えてきます。どれもはっきりと写っていて、日本の写真技術がどんどん進歩していったことがわかります。

さて、この時期にいちばん写真を活用した地域は北海道でした。米倉正裕『**北海道150年の写真記録**』（フォトパブリッシング）という写真集には、文明化される前〜平成までの北海道の風景がたくさん載っている。北海道庁が札幌に造られる様子、札幌の丘陵地帯を拓いて道を造っている工事の場面、先住民族アイヌの集落。このような写真が撮られたのは、北海道開拓の様子を東京の政府に伝えるためでした。写真が証拠となって、開拓の現場にお金が支払われたんです。

写真の歴史　④写真から見える個性

ヨーロッパの写真の進化に戻ります。

ドイツの写真家アウグスト・ザンダーは、さまざまな職業人の群像を撮影することで、世界を把握しようとしました。彼が撮影した《若い農夫たち》は、正装をした三人の若者が畑の中に立っている写真です。三人とも帽子を被りスーツを着て、ステッキを持っている。普段は農作業に適した服装をしていた彼らが、この日は特別に正装したのでしょう。ひとりひとりの個性が窺えます。

他にも、レンガを肩に載せているレンガ職人の姿。お菓子をつくっている料理人。彼の大きな手や体や表情からは、謹厳な人格が見える気がしますね。微笑んでいる二人のボクサー、守衛さん、音楽家……みな、誇らしくこちらをしっかり見据えている。図書館で『**アウグスト・ザンダー写真集［肖像の彼方］**』（アルス・ニコライ出版）を見つけたら、ぜひ一度開いてみてください。

「声を上げられないひとの声を届ける」

アメリカではどうだったのか。ラッセル・フリードマン『**ちいさな労働者　写真家ルイス・ハインの目がとらえた子どもたち**』（あすなろ書房）という本があります。写真の世界でドキュメンタリーを始めたの

第7講

は、ルイス・ハインだと私は思っています。

ハインが撮影したのは、低賃金で苛酷な労働を強いられた子どもの姿です。一〇歳に満たないだろう少女が工場で働いている写真。綿摘みをしているまだ五、六歳の幼い子ども、港で荷運びをしている少年。製糸工場で働く子どもと、その横に立って監視している大人。一九〇〇年代初め、アメリカは世界でトップクラスの児童労働大国でした。産業革命を経て工業化していくアメリカ社会において、単純作業を行う工場の働き手は子どもだったのです。

もちろん、こういった写真を工場側の大人が喜んで撮らせるわけがありませんでした。ハインはセールスマンなどに扮して工場を尋ね、世間話をして、撮影をしていった。この時代になると、スナップ写真が撮影できるくらいには、写真技術が向上していました。

ハインが労働に従事する子どもたちの姿を撮ったのは、世の中の差別や児童労働による悲劇を無くしたいと願っていたからです。写真は、社会の構造を分析し、共有し、世の中を動かす重要な道具になる。そう考え、子どもたちの姿をフィルムに収め、議会を動かすことに成功したんです。

いま、映画やテレビの世界では、ドキュメンタリーが当たり前に存在しています。そもそも、ドキュメンタリーは何のためにあるのか。

「声を上げられないひとの声を届ける」

このように言えるのではないでしょうか。ハインは現実をリアリティをもって切りとり世の中に伝えるという写真の機能を使って、社会を変える手伝いをしました。

時代を象徴する写真《Migrant Mother》

ドキュメンタリー写真では女性も活躍しました。この世界のさきがけとして有名なのは、ドロシア・ラングです。幼い頃に発症したポリオ（小児麻痺）によって右足が不自由だった彼女は、足を引きずりながら現場を訪ね、写真を撮りました。

一九三六年に、ラングが撮影した有名な写真があります。《Migrant Mother》（移民の母）という一枚です。頬杖をつき、苦悩の表情を浮かべている移民労働者の母親と子どもを写した写真からは、一家が置かれている厳しい状況が伝わってくる。まるで、イエスの死を嘆くマリア像「ピエタ」のようです。

この写真は、時代を象徴する一枚です。当時、世界恐慌の影響でアメリカ社会は疲弊し、農業を担っていた移民労働者は苦しい生活を送っていた。一九三九年には、移民労働者への迫害を主題にしたスタインベックの小説『**怒りの葡萄**』（新潮社）が刊行されています。《移民の母》は、『怒りの葡萄』の写真版と言えるかもしれません。

ラングは珍しい写真も撮影しています。日本人の子どもが二人、こちらを見ている一枚です。よく見ると、子どもたちは首から札のような、タグのようなものを下げている。一九三〇〜四〇年代、アメリカの移民労働者の中には日本人もたくさんいました。しかし一九四一年、太平洋戦争が開戦。西海岸で暮していた日系アメリカ人や日本人は、敵国人として強制収容所に送られた。ラングが撮影したのは、収容所で暮らす子どもの姿です。彼女の視線は、貧しい人や差別を受けている人々、困難に直面している人に、常に向けられていたんです。

この収容所の様子は、ラングを含め三人のカメラマンが記録しています。エリザベス・パートリッジ文、ローレン・タマキ絵**『カメラにうつらなかった真実　3人の写真家が見た日系人収容所』**（徳間書店）という重要な書籍があるので、ぜひ読んでみてください。

「戦争」を記録した写真家ロバート・キャパ

戦争は人々の暮らしを破壊し、幸せを奪っていきます。その様子を記録した最も有名なカメラマンが、ロバート・キャパです。日本でも人気のある写真家ですね。彼の名前と、次の一枚の写真は見たことがある人も多いと思います。

《崩れ落ちる兵士》。キャパの代名詞ともいえる一枚です。一九三六年、スペイン市民戦争の際に敵に撃たれ、倒れていく兵士の姿を撮ったもの……だといわれています。しかし、この写真について、最近の調査や現場検証で明らかになったことがある。実は、写真が撮られたであろう場所では、戦闘は起きていなかったんです。さらにアングルからも、疑問が浮かびます。もしも本当に戦闘中に撮った一枚ならば、キャパは兵士の前に回り込んでシャッターを押していることになる。平原で、しかも自身の背後から銃弾が飛んでくる中、本当にこんな写真が撮れたのか。実際は、軍事演習中に兵士が足を滑らせた瞬間を撮ったものではないのか。私もそう思いますが、真相は分かりません。

一方で、キャパが確実に銃弾の雨に晒されながら撮った写真もあります。キャパは一九四四年、第二次世界大戦時のノルマンディー上陸作戦にカメラマンとして同行しました。ナチ・ドイツが占領するフランス・ノルマンディーの海岸に上陸するため、連合国の兵士たちは上陸用舟艇で海岸に近づいた後、泳いで陸を目指した。荒波にもまれながら泳ぐ兵士たちとともに、キャパも海上でアップアップしながらシャッターを切ったんです。

《崩れ落ちる兵士》の時とは違い、ここでは本当に戦闘が起きています。陸側ではドイツ兵が待ち構え、銃弾が飛び交う。そんな中で、キャパは撮影し続けました。このとき撮影された写真は、どれもぶれていたり、ピンぼけしていたりします。キャパの手記『**ちょっとピンぼけ**』（文藝春秋）の表紙には、この時の写真が使われています。今まで誰も撮ったことのない、戦場写真です。

ロバート・キャパが見つめていたもの

戦争はナチ・ドイツが敗け、連合軍が勝利します。キャパは、ドイツ軍から解放されていく様子も撮影しました。戦時中、パリにはナチ・ドイツに協力した人や、ドイツ軍の兵士と恋仲になった女性がたくさんいました。彼女たちの中には、ドイツ兵の子どもを産んだ人もいます。

しかし戦争が終わった途端、彼女たちは〝裏切り者〟として、ひどい目に遭う。髪を剃られ、丸坊主にされた女性の姿をキャパは撮っています。見てほしいのは、彼女たちを囲んでいる市民の表情です。みんな笑っているけれど、美しい笑みではない。嘲ったような笑いを浮かべながら赤ちゃんを抱えて歩く女性を囲み、はやし立てている。戦争の現場を撮影していたキャパは、その後の大衆の残酷さも冷静に見つめていたのです。

キャパは、一九五四年四月に日本にも来ました。初めて訪ねた日本で、市井の人々の活き活きとした姿を撮影しています。祭りで神輿を担ぐ子どもたち、カンナがけをしている大工さん、歓楽街で女性とお客の男性がひそひそ話をしている風景。現場で起きている小さなドラマを見つけては、ワクワクしながらシャッターを押しています。日本の市井の人々が本当に好きだったんですね。

この年の三月、ビキニ事件が起きました。アメリカが南太平洋ビキニ環礁で水爆実験を行い、爆心から一〇〇キロ東にいたマグロ漁船・第五福竜丸の乗組員二三名が被爆した。死の灰を浴びて、静岡・焼津の港に戻ってきた乗組員たちは、東京の病院に入院します。キャパは彼らを取材しようと直接、焼津まで行ったんですね。ですが、なかなか会うことができなかった。機会を伺っていた時、雑誌『ＬＩＦＥ』の編集部からキャパにある電報が入ります。「戦争中のベトナムに行って、写真を撮ってきてくれ」。結局、乗組員には会えないまま、彼は日本を去ることになりました。

そして一九五四年の五月、キャパはベトナムで地雷に巻き込まれ、命を落とす。

もしも、日本での撮影がもう少し長引いていたら。キャパはベトナムに行かなかったかもしれない。地雷を踏まずに済んだかもしれない。彼の死からは、そんなことを思ってしまいます。

ゲルダが撮った戦争の風景

キャパの恋人だった、ゲルダ・タローという女性がいます。彼女もまた、有名な戦場カメラマンでした。本名はゲルタ・ポホリレですが、パリで活躍する芸術家・岡本太郎に憧れていた彼女はゲルダ・タローという名前を用いました。

ゲルダはキャパとともに、スペイン市民戦争を取材した。女性の兵士の姿、兵士と恋人が語り合っている様子、戦場における休憩中の一コマを撮影する一方で、地面に倒れている兵士たちや、右の頭部を撃たれたのか血まみれの男性なども、写真に収めています。たくさんの人が命を落とす戦争の現実を、彼女は丁寧に記録しました。

ゲルダは、この内戦の最中に亡くなります。二七歳でした。彼女のことが気になる方は、ジェーン・ロゴイスカ**『ゲルダ・タロー　ロバート・キャパを創った女性』**（白水社）という評伝がおすすめです。

クーデルカと腕時計

舞台は移り、一九六八年のチェコスロバキア・プラハです。ジョセフ・クーデルカという、チェコ出身の写真家がいます。クーデルカが撮影したのは、自由を謳歌していたプラハの市民たちが、ソ連の戦車によって自由を圧殺された場面です。私は、彼の写真が好きでたまりません。

一九六八年、共産党の一党独裁国だったチェコスロバキアに風穴があき、市民や学生たちが自由を謳歌できるようになります。いわゆる「プラハの春」ですね。これによって、チェコの市民や学生たちは西欧の文化を享受し、言論や表現の自由を手に入れました。

ところが、そんなことは許さないとソ連が軍事介入してきます。クーデルカは、ワルシャワ条約機構軍の戦車が首都プラハになだれ込んできた様子を写真に収めていく。抗議する人々、戦車隊の兵士に説得を試みる市民、電車を止めて座り込む学生たち。結局、ソ連によって制圧され、「プラハの春」は終わりを迎えます。

この時、クーデルカはプラハの大通りを背景に、自身の腕時計を撮影しました。ソ連の戦車がやって来たことで、プラハの時間は止まってしまった。一九六八年という時代を象徴する、有名な一枚です。ヨーロッパの人たちは今もこの写真を知っていて、私がクーデルカのことを尋ねると、左腕を突き出して時計を確認するポーズをしてくれました（笑）。クーデルカの写真を見たい方は、『**ジヨセフ・クーデルカ　プラハ侵攻　1968**』（平凡社）という写真集を探してみてください。

ユージン・スミスと水俣病

同じ頃、アメリカではユージン・スミスという写真家が活躍していました。映画『MINAMATA―ミナマタ―』で、俳優ジョニー・デップが演じた人物です。有名な写真をいくつも残していますが、一九四六年に彼が撮った、《楽園への道》は素敵な一枚です。林の中の小径を歩く、二人の子どもを後から撮影している。まるで、ここから物語が始まりそうな写真です。**『ユージン・スミス写真集』**（クレヴィス）の表紙にもなっています。

彼は一九七一年に来日しました。ユージンが日本で取材したのは、熊本県不知火海で発生した水俣病です。一九五六年に公式確認された水俣病は、猛毒のメチル水銀化合物を含む工場廃水が海に流されたことで魚や貝が汚染され、それらを食べた人々が次々と発症しました。

ユージンは、上村智子さんという胎児性水俣病患者と出会い、水俣病の悲劇を物語る一枚の写真を撮っています。母親が智子さんを入浴させている写真です。『LIFE』に掲載され、世界中に衝撃を与えました。

しかしこの写真は、一時封印されていました。写真によって、亡くなった智子さんが水俣病の問題を一身に背負わせられている。智子を楽にしてあげたいので写真を封印してほしい。そういう風にご遺族から要請があり、長らく非公開になっていました。しかし映画をきっかけに、また見ることができるようになった。ただし、ご遺族は納得しておられないと聞いています。

土門拳の視線の先

日本人の写真家も、社会性のある写真を撮っています。まずは、土門拳。作家や子どもを撮るのが非常に上手かった写真家です。川端康成、岡本太郎、林芙美子、藤田嗣治、志賀直哉、會津八一、高村光太郎、幸田文、先日亡くなられた大江健三郎、開高健……土門拳が撮影した作家の一例ですが、すごいメンバーですよね。**『新版　土門拳の昭和』**（クレヴィス）という本には、彼の写真やエッセイも収録されているので、興味があればどうぞ。

土門拳の写真集のひとつに、**『筑豊のこどもたち』**（築地書館）があります。一九五〇年代、エネルギーの主役は石炭から石油に移り、各地の炭鉱は次々と閉鎖していきました。これまで石炭の産出地として栄えていた飯塚市、田川市、直方市といった福岡県の筑豊地方の炭鉱もまた、閉山を求められました。職を失った住民たちは、貧困にあえぐようになります。

土門拳は、ここで子どもたちのスナップを撮りました。写真からは、けなげに生きる子どもたちの息づかいが聞こえてくるようです。彼がいかに子どもを撮るのが上手かったか。いかに子どもの心を描くことがうまかったか。炭鉱の町が直面した厳しい現実とともに、土門拳の視線が見えてきます。スマホやパソコンの画像ではなく、紙に印刷された写真集で見てほしい写真です。

濱谷浩の記録

『生誕100年　写真家・濱谷浩』（クレヴィス）という写真集も、興味深いです。雪国の人々の姿や男女混浴のお風呂、上半身まで泥に沈めながら田植えをする女性の姿などが収録されている一冊です。その中に、《終戦の日の太陽》という写真が収められています。一九四五年八月一五日の太陽です。私はこの一枚から、クーデルカの腕時計の写真と重なる印象を受けました。戦争と私、時代に翻弄《ろう》される人間というものが見えてくる写真です。

濱谷さんは、一九六〇年代の安保闘争も記録しました。当時、日米安全保障条約の改定に反対した市民や学生が立ち上がり、大規模なデモが行われていた。濱谷さんは、渦中の学生たちを撮影しています。デモに参加していた東京大学の学生・樺美智子さんが命を落とす事件が起きます。彼女の遺体が運ばれる場面も、濱谷さんは記録しました。ちなみに私は樺さんの遺体につきそった同級生の萩野靖乃さんから、ドキュメンタリー番組の制作を学びました。

アマチュアの写真家たち

次にアマチュアの写真も見てみましょう。

小学校の先生だった、熊谷元一さん。彼は戦後、教室で過ごす子どもたちの日常を撮っていきました。たとえば、給食の時間に二人の少年がパンを齧っている瞬間。当時、学校の給食は味噌汁だけで他の食べ物は、家から持ってこなければならなかった。この日はまだ贅沢な食べ物だったパンを二人も持ってきていたので、熊谷さんは思わずシャッターを押したのでしょう。熊谷さんの『**會《おう》地《ち》村　農村の写真記録**』（熊谷元一写真保存会）は、村の生活や経済を分析した社会学や社会調査のさきがけでもあります。

次に、増山たづ子さん。『**増山たづ子　すべて写真になる日まで**』（IZU　PHOTO　MUSEUM）などの写真集が刊行されています。増山さんは、六〇歳を超えて初めて写真を撮りました。住んでいた岐阜県徳山村が新たに建設されるダムの底に沈むことになったのですが、増山さんの夫は太平洋戦争中、戦地に行ったまま行方不明になっていました。三〇年帰ってこないけれど、死んでいる確証はない。彼が帰って来たとき、村がなくなっていたらきっと悲しむ。そこで増山さんは、ダムに沈む前に村の人々の姿を記録していったんです。

すでにオートフォーカスのカメラが出回っていて、シャッターを押せば写真が撮れる時代です。取材に訪れたNHKのカメラマン斎藤秀夫さんから、「音がしたらシャッターを切りなさい」と教わった増山さん。彼女が最初に撮影したのは、村の運動会でした。リレーのピストルの音が鳴った瞬間にシャッターを押したので、写真には白い煙がしっかりと写っています。

増山さんの写真に写っている人はみな、カメラを構える増山さんに笑いかけ、語りかけています。会話とともに写真があったことが分かる。村がダムに沈む日には、ブルドーザーが桜を引き倒す様子を増山さんは泣きながら撮った。増山さんは亡くなりましたが、写真の中の村人たちはいまも生きて微笑み、こちらに向かって何かを語りかけています。写真を見ると涙が出ます。

最後に、西本喜美子『**94歳、自撮りおばあちゃん やりたい放題のひとり暮らし**』（宝島社）という本を少しだけ紹介します。西本さんはくすっと笑える自撮りを撮って、その写真を息子さんと一緒に加工し、SNSにアップしているおばあちゃんです。ユーモアに満ちた写真ばかりなので、気になる方はぜひこの本で確認してみてください。

「写真集」という思いの結晶

今はスマホで簡単に写真を撮れるし、見ることができます。けれど、できればみなさんには本になった写真と接してほしい。化学・光学の記録から始まった「写真」は、人々の思いの結晶です。失われていくもの、時とともに過ぎ去るものを、なんとかこの世にとどめておきたい。それは、未練のようなものかもしれません。また、写真は自分だけのものではなく、人と共有するものでもあります。だから「写真集」がある。ぜひ写真集を手に取って、じっと写真を眺める習慣を身につけてほしいと思います。

今日の私の話をきっかけに「写真集ってちょっと面白そう」と思った方がいたら、大学の図書館に行ってみてください。きっと高価で貴重な写真集がいっぱい置いてあります。図書館を探検し、深く楽しむ入り口として、写真集に手を伸ばしてもらえると嬉しいです。

★ながた・こうぞう＝ジャーナリスト・武蔵大学社会学部教授・ドキュメンタリー研究。元NHKプロデューサー。著書に『ベン・シャーンを追いかけて』『NHKと政治権力　番組改変事件当事者の証言』『ヒロシマを伝える　詩画人・四國五郎と原爆の表現者たち』『暴かれた真実　NHK番組改ざん事件』『NHK、鉄の沈黙はだれのために　番組改変事件10年目の告白』など。一九五四年生まれ。

第7講

読書案内

▼写真の変遷を知る

オデット・ジョワイユー『写真の発明者ニエプスとその時代』持田明子訳、パピルス、一九九八年

石井洋二郎『時代を「写した」男　ナダール　1820－1910』藤原書店、二〇一七年

小倉孝誠『写真家ナダール　空から地下まで十九世紀パリを活写した鬼才』中央公論新社、二〇一六年

小沢健志監修・上野一郎『レンズが撮らえた　幕末の写真師　上野彦馬の世界』山川出版社、二〇一二年

大島昌宏『幕末写真師　下岡蓮杖』学陽書房、一九九九年

アウグスト・ザンダー『アウグスト・ザンダー写真集［肖像の彼方］』アルス・ニコライ出版、一九九四年

▼ドキュメンタリー写真を見る

樋口健二『増補新版　樋口健二報道写真集成』こぶし書房、二〇一二年

ラッセル・フリードマン『ちいさな労働者　写真家ルイス・ハインの目がとらえた子どもたち』千葉茂樹訳、あすなろ書房、一九九六年

エリザベス・パートリッジ文、ローレン・タマキ絵『カメラにうつらなかった真実　3人の写真家が見た日系人収容所』松波佐知子訳、徳間書店、二〇二二年

▼戦争とロバート・キャパ

ロバート・キャパ『ちょっとピンぼけ』川添浩史・井上清一訳、文藝春秋、一九七九年

ジェーン・ロゴイスカ『ゲルダ・タロー　ロバート・キャパを創った女性』木下哲夫訳、白水社、二〇一六年
ジョセフ・クーデルカ『ジョセフ・クーデルカ　プラハ侵攻　1968』阿部賢一訳、平凡社、二〇一一年

▼日本の〝現実〟を撮る

W・ユージン・スミス『ユージン・スミス写真集』レベッカ・センフ、青柳正規、アイリーン・美緒子・スミスら執筆、クレヴィス、二〇一七年
土門拳『新版　土門拳の昭和』池田真魚・藤森武監修、クレヴィス、二〇二一年
土門拳『筑豊のこどもたち』築地書館、一九七九年
濱谷浩『生誕100年　写真家・濱谷浩』クレヴィス、二〇一五年

▼アマチュアの写真集

熊谷元一『復刻版　會地村《おうち》　農村の写真記録』熊谷元一写真保存会、一九八五年
増山たづ子『増山たづ子　徳山村写真全記録』影書房、一九九七年
増山たづ子『増山たづ子　すべて写真になる日まで』IZU PHOTO MUSEUM、二〇一四年
西本喜美子『94歳、自撮りおばあちゃん　やりたい放題のひとり暮らし』宝島社、二〇二三年

第8講◉　2023年11月15日　獨協大学図書館

本、国境を超えるために

小林康夫
東京大学名誉教授

みなさんがわたしに出会うのは明日の朝だ！

今、わたしはみなさんと会っています。みなさんはわたしに会っている。ですが、みなさんが、ほんとうにわたしに出会うのは明日の朝だ、と言ってみようかな。

今朝のことですが、わたしは目を覚ましてまず、今日は獨協大学に行くのだったなと思ったわけです。じつは昨日の夜も何を話そうかと迷いながら考えていたのですが、朝のベッドの中でつらつらと考えが起ってくるのを待っていると、「あ、一冊本があったな」と蘇るものがありました。大きな薄い本で、タイトルも内容も正確には憶えていない。でも、昔、手に取った一冊の本の感触を思い出したのです。

その本が何だったかは後で明かしますが、それまでまったく頭になかった一冊の本のことを、ふいに思い出した。このように戻ってきたものにこそ意味がある。そのことを、今日はお話ししたいと思います。

今、みなさんはわたしと対面していますが、明日の朝目覚めたときに、わたしがこれから語ること、あるいは語っている表情でもいいけれど、何かが戻ってくるだろうか。戻ってこなければ、みなさんはわたしには出会わなかったということかもしれません（笑）。

脳は寝ている間に、前日に受けた刺激を処理します。処理できなかったものが朝に残る。その処理できなかったものにこそ、意味がある。何か気になる、でもよくわからない。処理しきれずに残ったものの中には、どうでもいいものもあるでしょう。でも、それがどんなものだとしても、自分が何かを受け止めようとして、しかし処理しきれず残っている、そこに意味があるんです。

そして本とは、そのためにこそある。本とは、時を経てもどこかで戻ってくるものなのです。今朝のわたしには、タイトルもよくわからない、大きさと薄さだけを覚えている本が戻ってきた。それまで何年もの間、思い出していなかった本です。不思議だと思いませんか。そのようにして戻ってくる、それこそ本がもつ価値のすべてだと言ってもいいかもしれない。

もう一つ言っておきます。すでに、みなさんから事前の質問をいただいています。でもそれらは、みなさんがわたしと出会わずにした質問です。これは罠です。誰に対して、どういう問いかけをしたら、自分にとって面白いこと、重要な言葉が返ってくるかとは考えていない。問う相手が具体的な人ではないような質問なら、この時代ならChatGPTに投げてもいい。「哲学って何ですか？」とA

Iに尋ねれば、プラトンから始まってニーチェから何から哲学史がダーっとかえってくるでしょう。そうではなくて、あくまでもここにいるこのわたしに聞きたい、そういう質問をみつけられるかどうか。それがきみたちの年頃には、とても大事なことだと思います。

というわけで、最後に質疑応答の時間があるので、そこで面白い問いを投げてくださいね……と挑発しておいて、話を始めたいと思います。

本とは、共に生き、時を経て戻ってくるもの

わたしが本に託すのは、時間が経って戻ってくるということ。その可能性、その希望。

電子書籍では戻ってこない。今朝わたしを悩ませたものは、大きさと薄さは覚えていたけれど、タイトルすら忘れてしまっていたものでした。確かにあの本があった、パリで買ったな、とふいに思い出す。形があるものだからこそです。

これが電子書籍で、スクロールして見るだけのものだったら記憶には残らなかったでしょう。電子では情報はすごいスピードで伝わります。そのかわり瞬間的です。現代人は膨大な時間をスマホに費やしますが、一年前のスマホの記事がみなさんに残っていますか？　二〇年後に何か残っているものがあると思いますか？

この半世紀の間に、人間の文化はとてつもなく変化しました。殊に情報を蓄積するメディアについて、これほどの変化は過去にはなかった。古い人間であるわたしには、あなたたちのような新し

い人類が、あるいはこれからの時代がどうなるのか、想像もつかないのです。でも、わたしはやはり、どんなに時代が変化しても、本でしか伝えられないものがあると信じたい。手にとれる感触と重さをもったもの。そういう本だからこそ、時を経て戻ってくることができるのだと。

それに加えて、今日、わたしが獨協大学のみなさんにすすめたいのは、ただ本というだけではなくて、「外国語の本を読もう」ということ。若い時期だからこそ、一生大事にもっていける外国語の本を一冊でいいから読もうじゃないか。一五歳からせいぜい三〇歳ぐらいまで、つまり二〇代前後の十数年間にだけ、人間は一生残るものを得ることができるんです。その時期に吸収したものは、ずっと活きている、覚えている。

でも七〇歳を過ぎたら、どんなに新しいものを読んでも何も残りません。二〇代前後に見聞きしたものは、そんなこと意識していないのに残っているんです。当時聞いていた歌謡曲からロックまで、メロディーも歌詞も覚えている。下手したら、全く好きではなかった歌さえ口をついて出てきます。体に溶け込んで定着する、それが重要なこと。それを、忙しいから後でやろうと後回しにして、三〇歳を過ぎてしまったら、もう遅い。今このときに自分の体に入れたものだけが、人生の最後まで残ります。

自分という枠を越えて学ぼうとした証し

最近は、ちょっとWEBにアクセスするだけで楽に面白いものが手に入るし、時間を潰せるものがたくさんある。けれど、せっかくだから少しだけ無理をしてでも、一生もっていける宝物を手にして欲しい。それは客観的にはいかなる価値もないかもしれない。自分にとって意味があるもの、ほかの誰でもない自分がつくられていくという意味があるものです。

日本語の本でもいいのですが、人類がもつ広がりを、自分という枠を越えて学ぼうとした証しが、きっと後に大きな力になります。

わたしはあなたたちぐらいの時、パリに行くことに人生をかけていたので、フランス語をものすごく勉強しました。でも実は、一九歳の時にはドイツ語も勉強していたんです。

その理由は、シューベルトの歌曲集『冬の旅』にはまったことでした。LPをどこからか借りてきて、フィッシャー＝ディースカウの歌う『冬の旅』を繰り返し聞いていた。

そんなこと、すっかり忘れていました。ところが先日、ちょっとした事情から「菩提樹」を聞いたのです。それが自分にとって、どれほど大事な曲なのかが改めてわかりました。

『冬の旅』の一曲目の「おやすみ」を聞いたら、それ以来ずっと頭の中を、フィッシャー＝ディースカウの歌が回り続けています。わたしがきみたちぐらいの年頃に、毎晩毎晩聞いていた『冬の旅』が戻ってきたんです。

その時、ああ自分は一九歳から七三歳の今まで、こうして『冬の旅』を歩いてきたんだ、と実感することができたのです。何の利益もない。でもわたしがこの世にこうして存在している、その生きた証しが、ふいに届けられる。昔の時間がふっと戻ってくる。あぁ、わたしは地味な人生を生きてきたけれど、それはずっと続いてきたものなんだと、その「時」が見える。わたしは今を生きているだけでなく、それなりに長い道を生きてきたと実感しました。

芸術や美術、本や文学というものは、その長い道をともに行く、道連れとしてあるのです。本は、ひとときのエンターテインメントのために存在するわけじゃない。ずっとともに生きていく。それが本というものの本当の価値であり、魅力なんです。

✈ 原書を読む　①"GHOSTS"で英語に佇む

今日は、英語、フランス語、ドイツ語、それぞれの原書を読んでみようと思います。英語の作品は、わたしの著書**『若い人のための10冊の本』**（筑摩書房）でも扱っている、ポール・オースターの**『幽霊たち/GHOSTS』**にしました。

実演してみましょう。柴田元幸訳を読んでみます。

> まずはじめにブルーがいる。次にホワイトがいて、それからブラックがいて、そもそものはじまりの前にはブラウンがいる。ブラウンがブルーに仕事を教え、こつを伝授し、ブラウンが年老いたとき、ブルーがあとを継いだのだ。物語はそのようにしてはじまる。

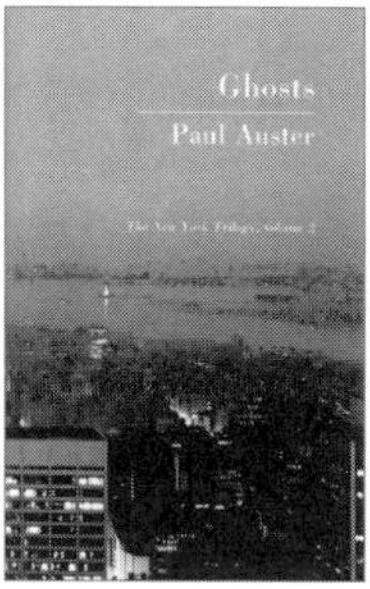

舞台はニューヨーク、時代は現代、この二点は最後まで変わらない。ブルーは毎日事務所へ行き、デスクの前に坐って、何かが起きるのを待つ。長いあいだ何も起こらない。やがてホワイトという名の男がドアを開けて入ってくる。物語はそのようにしてはじまる。

不思議な文章でしょう。これを原書の“GHOSTS”で読むとこうなります。

First of all there is Blue. Later there is White, and then there is Black, and before the beginning there is Brown. Brown broke him in, Brown taught him the ropes, and when Brown grew old, Blue took over. That is how it begins. The place is New York, the time is the present, and neither one will ever change. Blue goes to his office every day and sits at his desk, waiting for something to happen. For a long time nothing does, and then a man named White walks through the door, and that is how it begins.

柴田訳で「物語はそのようにしてはじまる」とあるところは、原書ではthat is how it begins.です。ポール・オースターがitとしているところを、柴田さんは「物語」と置き換えています。柴田さんの訳で、これは物語についての物語だということが明確になる、素晴らしい訳です。でも一方で、that is how it begins.のなんとも奇妙な感覚。ここに、原書のもつ面白さがあると思うのです。

one momentを感じ取る

『若い人のための10冊の本』でも触れていますが、このようにしてはじまった物語はどのように終わるのか。柴田訳ではこうです。

「だが物語はまだ終わっていない。まだ最後の瞬間が残っているのだ。それが訪れるのはブルーが部屋を去る時である。世界とはそういうものだ、一瞬たりとも多すぎず、一瞬たりとも少なすぎない。ブルーが椅子から立ち上がり、帽子をかぶり、ドアから外に出て行く——そのときこそが終わりなのだ」。

つまり、この物語ではどうはじまるかは書かれていたけれど、終わりは書かれていないのです。このようになれば終わりだ、とは書いてあるけれど、終わりの瞬間は書かれていない。ここには物語を作る人間が入り込んでいます。原書ではこうです。

But the story is not yet over. There is still the final moment, and that will not come until Blue leaves the room. Such is the way of the world: not one moment more, not one moment less.

momentという単語が出てきます。柴田訳では、「一瞬たりとも多すぎず、一瞬たりとも少なすぎない」。これにあたるのは、not one moment more, not one moment less. です。

第8講

柴田さんはmomentがそのままでは日本語にならないことを感じているのです。どうしようもない、でも、これを「瞬間」と訳すと、長い時間の中のただ一つの点になってしまうような感覚がしてきます。わたしはこのmomentという英語のニュアンスに惹かれます。単なる時間的なだけの瞬間ではなく、もっと多元的に、主体的に、なんと言っていいか、momentこそが物語というものを作っている。とても重要なキーワードなんです。

最初にわたしが朝起きたときの話をしましたね。あれこそがmomentなのです。momentの中には、複雑に様々なものが交差している。そこに忘れていた記憶が戻ってきている。

物語とはそういうものです。このmomentという言葉のニュアンスを受け止めることができたなら、"GHOSTS"を読んだと言っていいと思う。それを感じ取ることこそが、原書を読む面白さです。原書を読むときには、柴田さんの素晴しい訳をそこに重ねて読んではだめなんです。あぁ、one momentは日本語には訳せないなぁ、でもnot one moment more, not one moment lessとは、なんて美しい響きだろう。そんなふうに英語に佇むことに、原書を読む意味があるんです。

原書を読む　②"MOMO"（ドイツ語）で自分の時間を思う

お次はドイツ語。まったく得意ではないのですが、獨協大学なので、何としてもドイツ語原書を読まねば……（笑）。そう思って取り出したのはミヒャエル・エンデの『**モモ/MOMO**』です。昔読んだけれど、細部は忘れていました。昨日、読み返してみたら、たまたま選んだのにドンピシャという感じがした。時間を盗む「灰色の男たち」に対抗して、モモと一匹の亀が、一輪の花をもって闘い、生きた時間を奪い返す、そういうストーリーですよね。

驚きました。一九七三年刊行の本ですが、これこそ、先ほど話したこの半世紀に人類が突入した根本的な変化を、すでに予言していたではないかと。まさに今、我々がどれだけ「時間どろぼう」されているのか。あらゆるものすべてが、時間の関数になってしまっている。

早く予約すれば航空料金は格安ですが、サービスは同じなのに、直前の予約になると何倍もの値段に跳ね上がる。すべてがポイントに換算される。時間を金に変える、資本主義のシステムです。ミヒャエル・エンデはこの物語の中で、現代社会の根底をこれほど鮮やかに描いていたのか、と感心しました。

『モモ』の冒頭では屋外劇場が出てきます。劇場に皆が集まってきて、自分に起きたできごとを語ることを楽しんでいる。

そして、舞台のうえで演じられる悲痛なできごとや、こっけいな事件に聞き入っていると、ふしぎなことに、ただの芝居にすぎない舞台上の人生のほうが、じぶんたちの日常の生活よりも真実にちかいのではないかと思えてくるのです。みんなは、このもうひとつの現実に耳をかたむけることを、こよなく愛していました。

これはまさに、本というものを表していますよね。ここには、なぜ皆が本を読むことを愛するのか、その秘密が書かれている。非現実的な出来事、ただの芝居に過ぎない舞台上の人生の方が、自分たちの日常生活よりも真実に近いのではないかと。そのことをミヒャエル・エンデは、『モモ』の中で明かしています。この部分を、ドイツ語でも読んでみましょう。

Und wenn sie den ergreifenden oder auch den komischen Begebenheiten lauschten, die auf der Bühne dargestellt wurden, dann war es ihnen, als ob jenes nur gespielte Leben auf geheimnisvolle Weise wirklicher wäre, als ihr eigenes, alltägliches. Und sie liebten es, auf diese andere Wirklichkeit hinzuhorchen.

『モモ』はファンタジーですから、一見私たちの日常とは関係がないように思えるけれど、実は現在の時代のエッセンスが、一九七三年の時点でつかまえられていた。では、どのようにして物語というものを、今を生きる人々に意味あるものとしてかえすことができるのか。

その秘密が物語にある。ネットで調べて出てくる情報とは違うのです。モモの行動を見、物語に付き合っていく中で、言葉ではなく感覚としてやってくるものがある。そうか僕は、自分の時間を失ってしまっているのかもしれない。私は、効率よく時間の節約をしているようで、実は時間を奪われているのかもしれない、と。それに気づくことができたなら、自分の時間を奪い返そうと思えるかもしれませんね。そういうきっかけを与えてくれるのが、たとえば『モモ』という物語を読むということ。本にはそういう力があるのです。

サン＝テグジュペリの最後の悲しい恋物語

さあ、フランス語の本は何にしようか。考えて『**星の王子さま**』を選びました。原書では“Le Petit Prince”（小さな王子さま）です。このフランス語のリズムをわかってもらえるなら、そこに希望があると思えます。

その前に今朝、わたしに戻ってきた一冊の本の正体をいよいよ明かしましょう。それが、**“Lettres à l'inconnue suivi de Choix de lettres dessinées”** 邦題は『名の明かされない女性への手紙　恋をした星の王子さま』という、サン＝テグジュペリの著書です。表紙には星の王子さまのような絵が描かれていますが、顔はもっと年を取っているサン＝テグジュペリの顔です。ガリマール出版社から二〇〇八年に出た原書を、わたしはパリの本屋さんで買いました。

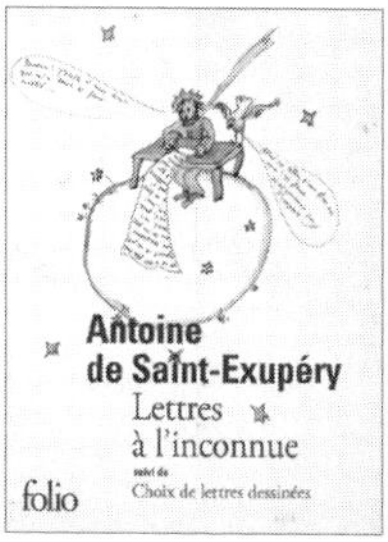

わずか三〇ページほどの本だから、すぐに読んですっかり忘れていた。でもこれが今朝、思いがけず戻ってきたわけです。サン＝テグジュペリの最後の悲しい恋物語。それをLe Petit Princeに語らせているんです。パイロットだったサン＝テグジュペリは、四四歳の時、マルセイユ沖に墜落して死んでしまいます。

その少し前にアフリカのケープ植民地で出会った既婚の女性に、彼は一目惚れします。だけど、彼女は電話にも出てくれない。自分に冷たくて悲しい。そんなことをつらつらと書き続けた、物語なのか手紙なのか……そういう本です。

Le Petit Prince がその女性に向かって語っているように書かれている。

Pardon de vous déranger... c'était seulement pour dire bonjour !

「邪魔してごめんね。ただこんにちはって言いたかっただけなんだよ」と、はじまるんですね。いくら呼んでも、電話をかけても、彼女は反応を返してくれない。そんな嘆きが永久に続く。僕に電話することを思いついてくれないとは、なんて悲しい……と。最後には、長い長い手紙になって、もういいんだ、もういいんだ……と嘆きのつぶやきになる。

わたしは "Le Petit Prince" を、フランス語を勉強していた若い時に読んだけれど、特に夢中になったわけではありません。それでもそれに続く人生の中で、何十年も経ったあるとき、パリのどこかでこの本を買って、本棚に置いていた。それからまた何年も経った今朝、こうして戻ってきた。そんなふうに、本は自分のどこかに残るものなのです。

原書を読む　③"Le Petit Prince" の dessine-moi un mouton の響き

『星の王子さま』の冒頭では、「わたし」が星の王子さまと出会います。飛行機が故障して、「わたし」はサハラ砂漠で一人きりで、砂の上で眠りにつくのです。大海原のただなかをいかだで漂流している人より、もっと孤独だった、と書かれています。その「わたし」は夜明けに、小さなおかしな声で、起こされるのです。聞こえてきたのはこんな声。

「お願い、ヒツジの絵をかいて！」

「え？」

「ヒツジの絵をかいて……」

これをフランス語で読むと、

Le premier soir je me suis donc endormi sur le sable à mille milles de toute terre habitée. J'étais bien plus isolé qu'un naufragé sur un radeau au milieu de l'océan. Alors vous imaginez ma surprise, au lever du jour, quand une drôle de petite voix m'a réveillé.

Elle disait : ...

—S'il vous plaît... dessine-moi un mouton !

—Hein !

—Dessine-moi un mouton...

わたしの体の中には、「ヒツジの絵をかいて……」という日本語ではなく、フランス語のこのDessine-moi un moutonという音の響きが残っています。「ヒツジの絵をかいて……」という意味としてではなく、dessine-moi un moutonというフランス語の響きが響き続けるんです。“Le Petit Prince”はフランス語として、私の体の中にあるのです。

言語の〈からだ〉を手に入れる

獨協大学に通うみなさんは、外国語を学ぶことをある意味で最重要課題だと考えているでしょう。そして大学はそのための環境を、図書館から何からすべて用意してくれている。

この時期に、外国語の本を一冊でいいから読む。脚本でも詩集でも、何でもいい。自分の気に入るものを探して、その言語の〈からだ〉を自分の中に入れる。

外国語はそれぞれまったく別の〈からだ〉です。たとえば英語とフランス語はどちらもアルファベットで書かれるけれど、全く違いますよね。昔、わたしが東大でフランス語を教えていた時は、原文にカタカナで音を振った瞬間に、その学生には教室から出ていけ！と言っていた。カタカナで書いてしまったら、もうそれはその言語ではないからです。

日本語は子音－母音の組み合わせです。一方、フランス語には母音が一六ある。労働を意味するtravailは、フランス語なら二音節。日本語で「トラヴァーユ」と読めば四音節になってしまう。日本語で子音－母音の組み合わせで読んだ瞬間、フランス語の〈からだ〉は消えてしまう。

日本は、中国の漢字を取り入れたときに、そのまま使うのではなく、日本語化しました。そこに日本語の特徴があります。中国語を理解せずとも、漢文として、日本語的に処理をする。すごいことですよね。そこから平仮名を作り、カタカナを作った。そうした日本語の世界に稀にみる特殊性をただしく理解するためにも、外国語の〈からだ〉を、その響きとして学ぶ必要がある。

だから、原書を読むと言っても、ただ黙ってじっと眺めることをわたしは要求してはいません。それぞれの言語がもつ〈からだ〉の違いを意識しながら、自分だけの一冊を、役者が舞台の上で台詞を言うように読む。そのリズム、言語のもつ〈からだ〉、それを演じることで、面白がりながら自分の内に取り入れる。そうすることで、自分の〈からだ〉が広がり、同時に自分の感覚も広がります。今のきみたちの年頃には、日本語の身体性からはみ出るような、そういう〈からだ〉を培うことは非常に重要なのです。

これから先、世界はさらなる大きな変動にのまれることは間違いありません。その中で生きていくときに、日本語によって作られた身体を超えるという感覚を、少しでももっていると言えるかどうか。この先の七〇年を生きるのに、確実に必要になってくるでしょう。

日本語の〈からだ〉に閉じこもらないこと。せっかく外国語を学んでいるのだから、何か小さなテキストでいいから、一生抱えていけるような、そういう原書を見つけて読む。

どんなものでもいいんです。声となって立ち上がってくるもの、情報に還元できないものを手にして欲しい。

一輪の花としてあり、一つの星としてあること

身体として存在するということは、時間として存在するということです。“Le Petit Prince”は、子どもでも読めるわかりやすい童話だけれど、そこにあるのは徹底的な孤独です。サン＝テグジュペリは飛行機でサハラ砂漠に墜落して、誰にも会わずとぼとぼとカイロまで歩いた、そういう経験を持つ人です。誰もいない世界にぽつんと自分だけがいる。そこに小さな星から王子さまがやって来る。そしてdessine-moi un moutonと声をかけてくるのです。素晴らしいでしょう。

孤独を突き詰めなければ、星の王子さまは現れません。友だちとつるんで、仲たがいしてツライ、とか言っているぐらいでは、この世界には到達できない。

その小さな星とは何なのか。砂漠の中にたった一人でいるところへ、Le Petit Princeが降りてきて、「ヒツジの絵をかいて」と言う。そして正確に一年後に、星へ戻っていく。

これは実は恐ろしい話です。死を通過しなければ、元の星には戻れないんです。その背景には、非常に深い世界へのまなざしがあります。

中でも大切に描かれるのは、王子さまの星にある一輪の花です。これは『モモ』の物語にも繋がりますね。モモは一輪の花を携えて闘い、時間を奪い返します。花とは、生きている時間がひらく、そのシンボルです。ミヒャエル・エンデも、サン＝テグジュペリも同じ思いをもっている。

そう思うと、『モモ』の扉には、

Im Dunkel scheint dein Licht.
Woher, ich weiß es nicht.
Es scheint so nah und doch so fern.
Ich weiß nicht, wie du heißt.
Was du auch immer seist:
Schimmere, schimmere, kleiner Stern！ (Nach einem alten irischen Kinderlied)

「やみにきらめくおまえの光、
どこからくるのか、わたしは知らない。
ちかいとも見え、とおいとも見える、
おまえの名をわたしは知らない。
たとえおまえがなんであれ、
ひかれ、ひかれ、小さな星よ！
（アイルランドの子どもの歌より）」

と書いてあります。これはこの社会の中で、真に孤独を抱えていたサン＝テグジュペリが、“Le Petit Prince”で、小さな星を夜空に光らせたことと重なります。

"MOMO"も"Le Petit Prince"にも、小さな星と一輪の花が大切に存在する。自分が世界の中で、ぽつりと一人でいることの意味を伝えてくれている。孤独こそがいかに、小さな花を咲かせるものなのか。生きるとは孤独だけれど、同時に一輪の花としてあり、一つの星としてあることなのだと。

わたしは今、サン＝テグジュペリとミヒャエル・エンデの作品によってそのことを語りましたが、これから生きていく中で、同じことをみなさんそれぞれが、それぞれの仕方で学んでいくのです。そのために小さな星のような、小さな花のような本があるということを、今日はお話ししたいと思ったのでした。

◉質疑応答

Q1　先生にとって愛とはなんですか。本を語るときも愛情がこもっているように思えたので、先生にとって愛とは何かということを知りたいと思いました。

『君自身の哲学へ』（大和書房）の中にも書いていますが、愛って何だかわからない。メイク・ラブなら簡単にできるけど、そうではない本当の愛とは何か。それについては、言葉で答えてしまったらだめだと思う。「愛っていうのはね……」と答える人間は、愛についてはわかってないと思っていいんじゃないかな。答えられないということが、最も誠実な答えになることもあるんです。

サン＝テグジュペリもミヒャエル・エンデも含めて人は皆、それを知りたいと思ってきました。でも、とても大事なことなので、具体的な存在がないところで、「愛」という言葉を使ってはいけない、とわたしは思っています。とても大事なことですから、あなた自身が探し続けていくといいね。あなたが七三歳ぐらいになったら、わかったと思えるときがくるのかもしれません。

Q2　先生は僕たちに答えを求めないような問いをみつけることを求めました。YouTubeではハウツーを伝えるものが多いけれど、先生が語ったことも答えではないのだろうと思っています。

わたしは正解というものに対する、根本的な不信感をもっています。問題集のうしろには、必ず答えが書いてあったでしょう。これに洗脳されて、物事には必ずどこかに正解があるはずだと、そう思って生きてきたとしたら、その考えをぶち壊したい。でもわたしはわたしなりに、それぞれのmomentで様々な選択をして、他に変えようのない人生を歩いてきた。ひとつの旅路として、わたしというものがここに存在しています。それこそが重要なことで、正解か不正解かは、わたしがここにこのように存在しているということには還元されないと思っているんです。

答えがないことにどれだけ耐えられるかが、これから重要になると思う。これから人類がどういう方向に進んでいくのかわからないけれど、正解を提示してくるような人には警戒した方がいい。

Q3　二〇歳前後に触れたものが、人生に残っていく宝物だとのお話でしたが、自分の場合は、これま

で触れて来たものがプラスに働くというよりは、何十年も前から同じように悩んでいるのに、まだ悩まないといけないのかという、途方もない悩みに触れ続けている気がして余計辛くなっています。そういうときどのように考え方を変えたり、作品に触れればいいでしょうか。

あなたがどんな悩みを抱えているのかはわからないけれど、今まで悩んで、解決できなかった同じ線上で悩み続けて、いつか何かが現れて解決してくれる、ということはない。視点を変えることが必要になると思うんです。とはいえ人は、簡単には違う視点には向かえないものです。悩み自体が一種の檻を作ってしまうから。

だからこそ、出会いが必要です。本はある意味では、そうした出会いの可能性をもたらしてくれるものです。一冊の本を読んだことによって、自分のスコープが変わることがある。

どこかから小さな王子さまがやってきて、dessine-moi un moutonと言ってくれるといいんですけれどね。『モモ』では、それがカシオペイアという亀だった。そういう些細な、問題に直接関連していない何かとの出会いを通して、今まで自分の中に閉じこもっていたところから、パッと変わることができる、かもしれない。そのためにはやはり動くことです。

本との出会いもそうです。ここには素晴らしい図書館があるのだから、フラフラ彷徨って、面白そうなものを手に取ってみる。何かが得られるかもしれないし、得られないかもしれない。その時に捨てなくてはいけないのは、どこかにいいものがあって、それを手にすれば、万事解決するというような考え方。そうではなくて、一見すると偶然に思えるもの、無価値なものに、自分をある程度委ねることができるかどうか。これを知れば、こういう効果があるというような、システム化されたものとは距離をとって、彷徨うことができるかどうかが勝負です。

一枚の絵かもしれないし、音楽や映画かもしれない。エンデが言うように、人類がこれまでに作ってきた様々なかたちの「芝居」のどれかに、ああこれは自分のことを言っているのではないか、そう思えることがあるかもしれない。そういう何かと出会うために「冬の旅」をするんですね。

Q4　答えがないことが美しいと思っていたのですが、最近、答えがないことを理解しながら考えることに疑問をもつようになりました。自分の中のとか、社会的なとか、部分的であっても何らかの正解を求めながら、思考を深める方がいいのかなとも感じるのですが。

あなたは、「美しい」という言葉を使いましたよね。答えをもたないことに美しさがあると。これは、人間がこの世界に生きている、最も重要なポイントだと思います。“Le Petit Prince”にも、そのことが書かれている。それがわかったら、それがもう正解なんです。

人間は美しさを、常に言葉で言うのではなく、たとえば一枚の絵に込めたり、音楽に込めたり、物語として綴ったりしてきました。でもそうした「美」に向かっていくようなものと、常に正解を要求され、結果を出さなければいけない社会の中で生きて行くこととは、必ずしも調和しないよね。

そこでわたしたちは折り合いをつけながら生きていかなければならない。

だから、当然一つ一つの問いによって、態度が変わってくる。正解がないということを正解にしてはいけない。正解がないと言うのは、正解がないことに耐えていくような問いとの付き合い方をするということなんです。

★こばやし・やすお＝東京大学名誉教授・表象文化論・現代哲学。著書に『存在とは何か〈私〉という神秘』『クリスチャンにささやく　現代アート論集』『若い人のための10冊の本』『君自身の哲学へ』『表象文化論講義　絵画の冒険』、船曳建夫との共編に『知の技法　東京大学教養学部「基礎演習」テキスト』など。一九五〇年生まれ。

読書案内

▼大学生にオススメの自著

小林康夫『若い人のための10冊の本』筑摩書房、二〇一九年

▼「愛」について考える

小林康夫『君自身の哲学へ』大和書房、二〇一五年

▼one momentのニュアンスを考えてみよう

Paul, Auster, *GHOSTS*, Los Angeles, Sun & Moon pr, 1986.

ポール・オースター『幽霊たち』柴田元幸訳、新潮社、一九九五年

▼自分の時間を取り戻す

Michael, Ende, *MOMO*, Stuttgart, Thienemanns (K.) Verlag, 1973.

ミヒャエル・エンデ『モモ』大島かおり訳、岩波書店、二〇〇五年

▼一輪の花、一つの星と孤独

Antoine, de Saint-Exupéry, *Le potit Prince*, Paris, Editions Gallimard, 1945.

サン＝テグジュペリ『星の王子さま』内藤濯訳、岩波書店、二〇〇〇年

Antoine, de Saint-Exupéry, *Lettres à l'inconnue suivi de Choix de lettres dessinées*, Paris, Editions Gallimard, 2008.

第9講◉ある翻訳者が本当にやりたいことに気づくまでに出会った、何冊かの本について

2024年1月12日　東洋英和女学院大学図書館

小山内園子
韓日翻訳者

そばにいてくれた本について

はじめまして、韓日翻訳者の小山内園子と申します。今日みなさんにお目にかかってお話しできるのが、非常に楽しみでした。なぜかというと、翻訳者というのは大体家で仕事をしていて、ほとんど人と会うことがないんですね。しかも、自分と違う世代の人とお話しできる機会はますます少ないので、大変嬉しいです。

今日は、もし自分が昔の私に言葉をかけられるとしたら伝えたいこと、人生の重要な時期に私を支えてくれた本について、みなさんと共有できればと思っています。

私は現在、五四歳です。この年齢になるまでに、受験で嫌々読んだ本をはじめ、論文・レポートを書くために読んだ資料、仕事で触れる作品など、いろんな本と出会ってきました。その中でご紹

介したいのは、「このタイミングで出会えてよかった」と思う本です。ただし、それらの本が当時の私に明確な答えを教えてくれたわけではないことは、先にお伝えしておきます。どちらかというと、今現在から考えて、「あのタイミングで一番そばにいてくれた本」という意味合いです。

一〇代で出会った『高橋和巳の思い出』

まずは、一〇代。特に一八歳の時は、自分が何がしたいか、最もわからない時期でした。私は地方出身なので、行きたい大学を選ぶ、というところでまず悩みました。一人暮らしするとなると、親に経済的な負担もかける。おまけに、何学部、何学科に行くかということを決めなければならない。やったこともないものを選べと言われるのは、なかなか大変ですよね。今みたいにネットもありませんので、志望校選びに困った私は、情報を求めて通っていた高校の図書館に籠るようになりました。そうやって図書館をブラブラしていた時にたまたま見つけたのが、高橋たか子さんの『**高橋和巳の思い出**』（構想社）という薄い本です。今から思うと、なぜこの本が気になったのかはよくわかりません。なんとなく惹かれるものがあった。でも、予備知識はゼロでした。

手に取って読んでみると、どうやら高橋和巳さんというのは小説家らしい。ただ高橋和巳さん自身はガンですでに亡くなっていて、著者の高橋たか子さんは彼のお連れ合いであることがわかりました。この本は、たか子さんによる夫の看護日記のようなものだったんですね。ですが目を通してみると、和巳さんのことではなく、たか子さんご自身のことが多く書かれていました。はじめのほうに「作家の奥さん」というエッセイが収められていて、たか子さんはこんな一文を書いています。「私は、高校時代だったか大学の低学年の頃だったか、誰でも将来何になりたいかを考える時期に、自分は作家の奥さんになりたいと思っていた」。

驚きました。同じくらいの年頃で、何かの職業ではなく作家の妻になりたいと考え、実際になった人がいる。それで興味がわいて、結局はこの本を買い、さらにいろいろ調べることになりました。

「作家の妻」になる方法は書いていないけれど

まず、夫の高橋和巳さんは、京都大学の中国文学科を卒業して文筆の道に入り、やがて作家デビューを果たします。ところが、作家として脂がのってきた時期に、六〇年代の学生運動で学生たちが闘っていることを知り、学生側に共感して母校の先生になる。一方のたか子さんは、作家がなぜそんなところに飛び込むのかと頭に来て、単身フランスに留学してしまう。つまり、「作家の妻」といっても、ひたすら夫に献身的に尽くす犠牲的な存在ではなくて、どちらかというと作家が生む作品のほうに献身したかったんだと思います。知ればしるほど、私はぐんぐん高橋たか子さんに惹かれていきました。

先ほど紹介した「作家の奥さんになりたい」という文章の後には、「何もかも条件のそろった幸福というものは、ただただうんざりするだけで、私はひそかに、不幸にこそなりたいと望んでいたのである」と続きます。この「不幸にこそなりたい」という言葉に強さを感じました。

和巳さんは三九歳で亡くなってしまうので、たか子さんは「作家の奥さん」だった期間より、そうではない時間を長く過ごされたことになります。二〇一三年に八一歳で亡くなるまで、彼女も作家として活動しました。たか子さんにとって「作家の妻」になるというのは、職業的な選択というより、相手の才能をリスペクトできて、何かを一緒につくっていけるような存在と出会うことだったのだと思います。

この本にはもちろん、作家の妻になる方法は書いていません。ただ、そういう人がいたということを、教えてくれた。もし、あの図書館の薄暗い書架でこの本を見つけていなければ、確実に自分の価値観が狭くなっていたでしょうし、しょせん自分の想像力は乏しいという自覚、人の生き方を知って想像が耕されるという感覚を、持てなかったと思います。

二〇代、この仕事が合っているかわからない

大学を卒業して、私はテレビ局にディレクターとして入社しました。報道志望でした。「声なき声」を社会に伝えたいというのが志望動機でした。実際、取材を通じていろんな方に会うことができて、とても刺激的な日々でした。

でも、その一方でだんだんに当初の志と今していることにズレが生じるようになりました。企画を出して、撮影して、番組にする。放送が終わったら、その晩はスタッフで打ち上げをしてビールを飲んで、でも家には帰らずに局に戻って次の企画を探す。そういう繰り返しに、だんだんと疑問

を感じるようになったんです。

制作する側は、「ひとつ終わった」とビールを飲むことができる。でも、取材させていただいた方の生活は、ずっと続いている。苦境にある方は、その苦境が番組の放送後も続いている。そのことをビールで流していいのか。私が本当にしたいことは、これだったのかな……。またもや、「私がしたいことは何なのか」という疑問がむくむく頭をもたげてきました。

自分のしていることに疑問を持たなくて済む。これは自分がやるべきことだと、100パーセント思える仕事をしたい。次第にそう考えるようになり、報道の仕事は好きだったけれど、思い切って辞めることにしました。

そこから大学の通信教育に通い、国家試験を受けて社会福祉士の資格を取りました。改めて学んでみてわかったのは、どうも福祉の世界が年代、あるいは問題ごとに輪切りになっていることです。子ども、高齢者、障がい者——そういう専門ごとではなくて、その人の一生全体を支えられればと思い、女性支援という分野を選びました。子どもでも障がいをお持ちの方でも高齢者でも、女性という切り口からいろんなことをお手伝いできる。そう考えたわけです。

とるべき態度を教えてくれた『弱くある自由へ』

新たな世界に飛び込み、そこで腰を落ち着けるには、しばらくもがく時間が必要になります。現場に携わると、どうしても自分の価値観を揺さぶられる経験をする。実際に相談の現場に入ってみて、自分がディレクターとして重ねた経験など、いかに表面的で浅いものだったかを痛感しました。ひとつ、例を紹介しましょう。

みなさんと同じくらいの年頃の女性が相談に来たことがあります。彼女は、出会い系サイトで、ひたすら男性と会うことを繰り返している方でした。彼女の周りの支援者は、そのことに非常に否定的です。どうしたらそういう行動を止められるか、じっくり一緒に考えてほしい、という形で縁がつながったという経緯がありました。それで二年ほど面談をしていたのですが、あまり状況はかわらない。ふと、そもそも彼女が男性に会いたくなる時ってどんな時なのかなあと思いました。尋ねると、彼女はこう答えました。「死にたくなった時」。自分はちっぽけな存在で、私のことなんか誰も見ていない。誰も気にしていない。親から虐待を受けて育ったことも影響していたでしょう。午前二時くらいに死にたくなって、その時にたまたまつながった人がいたら、ファミレスとかで会って話をする。そうすれば生きられるのだと、彼女は言っていました。ああ、自分を粗末にしているのではなくて、自分をつなぎとめるための行動だったのか、とハッとしました。

彼女の告白を聞いて、自分の無力さも感じました。そもそも、どんな悩みも、一刀両断に解決できる方法なんてほとんどないですよね。誰より当事者が、一番長い時間悩んで、悩んだ上に困って面接をしているわけですから、他人が瞬時にいい解決策を見出せると思うほうが傲慢です。そんな中でどう相談に向き合うか、悩んでいる時に出会ったのが、立岩真也さんの**『弱くある自由へ　増補新版　自己決定・介護・生死の技術』**（青土社）という本でした。

本を読んで考えるということ

『弱くある自由へ』は正直言って、読むのがすごく大変な本です。センテンスが長く、扱われているテーマも安楽死、遺伝子治療、介護保険、臓器移植と、ハードルが高そうに見える。でも、当時の私は、途中で入った世界で生きるために、無我夢中で読みました。中に、次のような一節があります。

「だから、やっかいで、しかし仕方なく大切なことは、そう単純でないことを単純にしてしまわないことである」。

何度も咀嚼しないと意味が掴めない、スルメみたいな文章です。でも、繰り返し読みました。正しいか間違いか、白か黒か。世界は何でも単純にしたがります。でも、実際に人が生きる社会はそう簡単ではない。だから私は、精一杯誠実にオロオロするソーシャルワーカーになろうと決めました。

簡単に〝解決〟したがる先輩や上司の言うことは気にしない。相談者がありがとうと言わざるをえない状況をつくらない。いつか相談者が一人で歩みだすことを前提にして、一緒にオロオロするソーシャルワーカーになろう。『弱くある自由へ』を一生懸命読んで、その答えに辿り着きました。

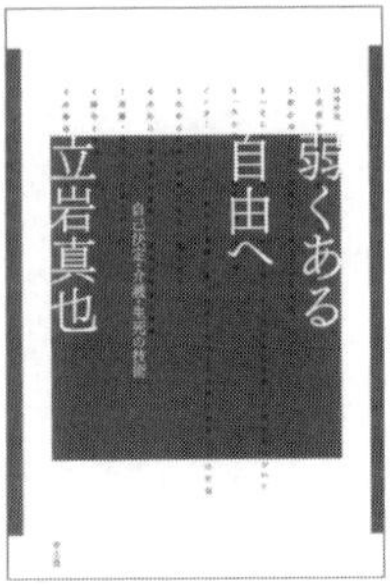

本は、一方的に響いてくるものなので、それを読んだ後は自分で考えなくてはなりません。『弱くある自由へ』は、まさにそんな本でした。

考える時間は、答えの前で足踏みするような、もどかしい時間でもあります。でも、少なくとも私にとって『弱くある自由へ』は、あのタイミングで絶対に必要な一冊でした。あの時この本を読んでいなかったら、世の中の「普通」を疑わないソーシャルワーカーになっていたと思います。

どう生きたいかわからない三〇代で出会った『冬のソナタ』

さて、女性にとって三〇代後半というのは、妊娠・出産のタイムリミットとも向き合わなければならない時期ともいわれます。私は法律婚をしている相手と相談して、子どもを持つことにしました。ところがやがて、医療的な事情で、自分は子どもを持つことが難しい、という事実が判明した。そのことのダメージは想像以上のものでした。

考えてみると、学校へ行って就職して、結婚して、お母さんになる。そういう流れを私はデフォルトにしていたんです。当たり前のように思っていた。その当たり前がまったく当たり前でないと気づいて、私はどうしたか。いつもの通り「努力」をすることにしました。不妊治療を頑張ろう、と思ったのです。

どの医療もそうだと思いますが、治療が成功する可能性が低い場合、その可能性に対しての決断を迫られることになります。私にとって、生殖医療での妊娠の可能性はほぼ不可能に近いものでした。なのに、諦められない。なかなか諦められないことに苦しんで、ああ、私は今まで、頑張る方法は教えてもらったけれど、諦め方は一切教えてもらってなかったんだ、と悟りました。努力しろとはあれほど言われたのに、少なくとも私が受けた教育では、諦めることは前提にされたことがなかった。諦めることはマイナスじゃないし、諦めることで次のドアが開くかもしれないなんてことは、誰にも言われていなかったんです。今なら自信をもって、あの頃の私に、そう言葉をかけたいと思いますが。

子どもを諦めきれなかった私は、そのことを考える暇もないくらい夢中になれるものがないか、必死で探しました。それで見つけたのが、その頃、大流行していた韓国ドラマ『冬のソナタ』(韓国KBS2二〇〇二年、日本NHK総合二〇〇四年放送)です。主演のペ・ヨンジュンさんという俳優が大人気でした。『冬のソナタ』にドハマりした私は、それこそ夢中になってハングルの勉強を始めます。これが二〇〇五年くらいの出来事です。

韓国のDV被害者シェルターで

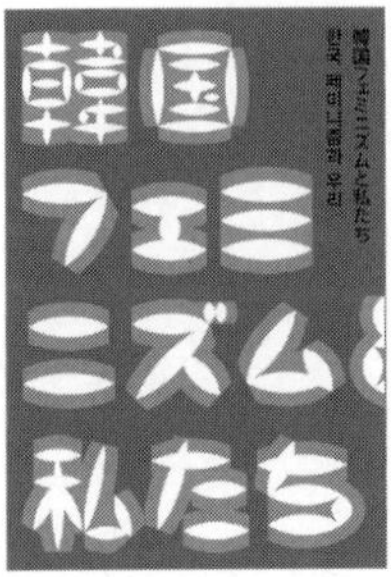

韓国語を学ぶうち、どうにかして韓国へ行けないかと考えるようになりました。いろいろ調べてみると、社会福祉士を対象に、自分で企画を出せば一ヶ月海外研修に無料で派遣してくれるというプログラムがあった。さっき言いましたように、私は女性の相談を受けるソーシャルワーカーでしたので、DV被害のお話を聞くことも多かったのですが、他方、韓国はDVに関する法制度がかなり整っている国でした。その実情を知りたいという

気持ちが30パーセント、残り70パーセントは韓国に行きたいという思いで企画を立て、採用されました。おかげで、一ヶ月間韓国に研修に行くことができたんです。

本日、私は韓日の翻訳者としてお招きいただいています。その道に進むきっかけとなったのが、実はこの時に尋ねた韓国の女性団体での経験でした。ちなみに、詳しいことは**『韓国フェミニズムと私たち』**（タバブックス）という本に寄せた、「ガールズ・ビー・アンビシャス」というエッセイに書いています。

現地では、DV被害者のシェルターに連れて行ってもらいました。ただし、その建物に向かうまで、路地を何度も何度も迂回させられた。行き方を覚えさせないためです。実際、到着したシェルターには、窓ガラスに銃弾の跡のような放射状のヒビが入っていました。「加害者が来て会わせろと投石していった跡だ」と、スタッフに教えられました。

「日本の女性は家族から自由ですか？」

施設に避難していた方の多くは小説が好きで、たくさん本を読んでいました。ずいぶん作家の名前を教えてもらいました。あちらに行けば私は外国人ですから、「日本について何かお知りになりたいことがあれば聞いてください」と私も言うと、ある方からこう質問されました。

「日本の女性は家族から自由ですか？」

韓国は夫婦別姓です。しかし、日本で今、夫婦別姓を求めるような理屈とは異なった事情がある。

家というのは男子が継ぐものなので、妻にはその名字を名乗らせないという背景からの夫婦別姓なんです。たとえば息子が生まれた場合、その子が父親の家の名字を継ぐ。私がシェルターを訪ねた二〇〇七年当時、離婚後に名字の違う妻が息子を引き取ることは現実的にはかなり難しい状況でした。

「日本の女性は家族から自由か」と尋ねた女性は、結婚するまで中学校で数学の先生をしていたそうです。結婚したら家に入るものだと言われて仕事を辞めたのですが、夫から暴力を振るわれるようになった。追い詰められ、逆に自分が息子に手を上げそうになって、子どもを夫の元に残して家を出たそうです。日本とは比べものにならない状況に呆然としていると、シェルターのスタッフで私の担当研修官でもあったKさんが次のように言っていました。

「被害に遭った女性を助けるだけが仕事ではありません。私たちの目標は、社会を変えること。そうでないと、ずっと被害者は生まれます。社会のほうが間違ってるんだって叫ばないと」。

翻訳者になった理由

韓国でフェミニズムが大きなムーブメントとなったのは、二〇一六年です。今でこそ「声を上げる」という言葉に違和感がなくなりましたが、それより前は、韓国でもまったく違う状況でした。フェミニストとして活動する女性たちは、家族とも疎遠になること覚悟で、ある種悲壮な覚悟で活動していました。

研修最後の日、市場に行くとKさんがいました。子どもと、おそらくパートナーである男性と一

第9講

緒にいた。Kさんだと思って手を振ろうとして、ハッとしました。Kさんのパートナーと子どもは、肌の色が違っていた。Kさんもまた、男女や人種などいろんな思いを胸に、あのシェルターで働いていたんだ。楽しげな三人を前に、私は韓国の女性の切実さを実感しました。

日本に戻ってしばらくして、ふと気になったことがあります。あのシェルターで彼女たちが読んでいた本は、日本で訳されているのだろうか。その当時、日本で訳されていた韓国の作品は、朝鮮戦争や在日、慰安婦問題などを扱ったものが中心でした。一方で、韓国の女性作家が書いた作品や、私が韓国のシェルターで出会った女性たちが読んでいた小説は、あまり訳されていませんでした。

日本に紹介したいという思いもありましたが、何よりもまず私自身が、彼女たちが読んでいた本を読みたかった。その思いが、今の翻訳者という仕事に繋がっていきました。時系列でいうと、最初に翻訳しようと思い立ったのが、二〇〇七年です。初めて翻訳書を出したのは二〇一七年なので、一〇年かかっています。その間に大変なこともあったけれど、ずっと楽しかった。こうしたい、こうありたいと目標を決めて進んだというよりは、いきあたりばったりのニュアンスがかなり強いですが、それでも好きで始めたことを仕事として続けられる。私の人生において、新たな発見でした。

私にとって本とは何か

改めて、私にとって本って何だろうという話をします。

早々に脇道に逸れますが、私は、好きなものが同じ人と付き合うより、嫌いなものが同じ人を探した方が、長く一緒にいられると思っています。好きなものが同じだと、話自体は盛り上がるでしょう。でも、嫌いなものが同じ人とその事実を共有できると、とても大きな力になる。たとえばハラスメントについて、許せる／許せないの境界は何か。そういう、自分が嫌いなものや線引きを教えてくれるのは、やっぱり本なんですね。本と向き合っているうちに、自分の嫌いなものも見えてくる。

一例をあげると、私は一八歳の時、村上春樹さんの**『ノルウェイの森』**（講談社）という小説が大好きでした。何度も繰り返し読んで、以降は一〇年おきに読むようにした。一八歳、二八歳、三八歳……そして四八歳になった時、もう駄目だと思いました。この女性観を、私はもう受け入れられない。もちろん、非常に心揺さぶる繊細な作品だと思います。でも、仮にこの本を今、私が韓国語に訳して韓国に紹介したいかと問われると、難しい。この内面の変化に気が付けたのは、同じ本を一〇年ごとに読んだからです。

話を戻して、つまり私にとって本とは何か。

ひとつは「鏡」です。自分が今どういう状況にいて、何を嫌だと思っているか。何がわかっていて、何がわかっていないか。客観的に自分を見せてくれるのが、本だと思います。もうひとつは参考例です。私は翻訳者のすんみさんと、イ・ミンギョン**『私たちにはことばが必要だ　フェミニストは黙らない』**（タバブックス）を訳しています。その時、

イ・ミンギョンさんと「人生って参考例だよね」という話をしました。この言葉は、本書にも登場します。自分が迷った時こそ、本を読むことで選択肢が膨らみます。

翻訳という作業

最後に、「翻訳と読書」についてお話しさせていただきます。先に、翻訳書が刊行されるまでをザッと御説明しますと、これは日本に紹介すべきだという原書を見つけた時、私はまず出版社に売り込むためのレジュメを書くんですね。本を読むだけでなくて、読んだ本から受け取ったものを文章にしていく作業です。私にとっては、そこからすでに翻訳作業が始まっています。惹かれた部分はもちろん、ここが足りないのでは？という批評的な読みも含め、まずは文章にしないと後々困ることになる。

晴れて版権が獲得できて、依頼を受けたら、そこから実際の翻訳が始まります。一冊の小説の場合、二ヶ月くらいで訳しています。その際、原則として大事にしているのは、作者が日本語がペラペラの作家だったら、どういう日本語で書いているだろうと考えることです。こういうと説得力がないかも知れませんが、翻訳をしていると、なんとなく作者の声が聞こえてくる気がするんです。私は聞こえてくる声を写しているというか、小説、特に会話体の部分はこういうふうに言っていそうだと、自然と想像できる。だから翻訳、特に小説の翻訳自体はそんなに辛くはありません。

和訳というのは日本語に置き換えることですから、和訳の代表格であるテストでは、ひとつでも単語を外したらバツになると思います。でも、翻訳は一度全部飲み込んでから、文法的なことを解体して、日本語として再構成するような感覚です。そのまま直訳すればいいというものではなく、それぞれの言語の特色を活かした文章にする必要がある。たとえば日本語は主語を省略することが多いけれど、韓国語や英語は主語を省くことが少ない。だからといって、それをそのまま訳すと、文章が下手な人のように見えてしまう可能性がある。かの国でのベストセラー作家が、翻訳のせいで文章が下手な人と思われたら大変です。責任重大だと思っています。

大学生のうちに読んでほしい本――カン・ファギル『別の人』

私が訳した本の中で、大学生のうちに読んでいただけたらなと思う本を一冊、紹介させてください。カン・ファギルさんの『**別の人**』（エトセトラブックス）です。あらかじめお伝えしておくと、性暴力を想起させる内容を含んだ作品なので、そういうものを読むのが苦しいという方には、無理にお勧めはしません。

簡単にあらすじを説明しますと、主人公は三〇代前半のジナという女性で、彼女は職場の先輩であり恋人の男性から、デートＤＶを受けている。ジナはそのことをネットで告発するのですが、逆に誹謗中傷され、仕事も辞めて部屋に引きこもるようになります。そんなある日、たくさんの誹謗中傷の中でとある書き込みを発見する。それによって彼女は、自分が大学時代を過ごした町に帰省することになります。そこでまた別の話が持ち上がってくるという、ミステリー仕立ての長編小説です。

私はこの本の訳者解説で、次のようなことを書いています。この本には、暴力が記憶と感情にどんな影響を及ぼすか。暴力を受けた人が記憶をどう変えるか、あるいは、感情をどうリカバーしようとするかが非常に細かく描かれている、と。

ただし、性暴力の詳細は一切書かれていません。著者が被害者のフラッシュバックを想定し、そこはあえて書かないという選択をしています。そして、書かれていなくても十分に伝わる。私はソーシャルワーカーとして、性暴力被害に遭った方にいろいろお話を伺いましたが、被害に遭った方の多くは、自分自身を責めていた。『別の人』は、何よりもその彼女たちに読んでほしいと思いながら翻訳しました。

翻訳という形で恩返しを

『別の人』の刊行後にとても嬉しい経験をしました。ソーシャルワーカーの同僚が、「ある相談者が『別の人』がすごくよかったと言っていた」と教えてくれたんです。

『別の人』には、女性だけでなく男性の性的被害者も登場するのですが、その男性が本文でこういうことを言うんですね。

「最初のボタンをかけ違えると、服は台無しになってしまう。それは間違った考え方なのだそうだ。ボタンを外して、またかけ直せばいい」。

男性は必死の思いで被害を告発し、今も辛い時間を耐えている。けれど彼は、ボタンをかけ直したかったから告発した。そうしないと、ずっと服が捻じれたままになるから。だから、君も掛け直した方がいいと、同じ被害者である女性にアドバイスしているんですね。同僚が担当したというその方は、「ここを読んだときに号泣した。ボタンを掛け直せばいいんだと思った」と言っていたそうです。

間接的ではあるけれど、その言葉を聞いた時、自分の仕事が初めて繋がった気がしました。あの日、韓国のシェルターで「日本の女性は家族から自由か？」と私に尋ねた女性や、三人で楽しそうに市場を歩いていたKさん。それまでに出会った方々に、翻訳という形で多少の恩返しができたのかもしれないと思いました。

あなたにとっての一冊を

一八歳の時に手に取った『高橋和巳の思い出』にあった、「作家の奥さんになりたい」という一文。今私は、作家の妻、パートナーみたいな立場にいる気がしています。多くの人に読んでほしいと思った作品に、翻訳という仕事を通して、自分のできることをしたいと思う。そう考えることができるのは、『高橋和巳の思い出』を図書館でたまたま見つけたからです。きっと、この大学図書館にも、みなさんそれぞれにとって、参考例になったり、鏡になったりする本がある。そういう本を一冊でも多く見つけていただければと思います。

◉質疑応答

Q1　物事を白か黒かで捉えてしまいがちなのですが、単純に捉えないようにするためにはどうするとよいでしょうか。

単純に考えないようにしようと意識しつつ、割と性格が短気なこともあって、私も白黒はっきりさせようとしてしまいがちです。ただ、心がけていることは二つあります。まずは自覚すること。自分にはこういう癖がある、自分はこういう考え方をしがちだ。そういうことを自覚したうえで、判断するようにしています。

二つ目は、想像力です。相手の立場だったらどうか、漠然と考えてもわからない時がありますよね。その際は、相手の立場でのメリット／デメリットは何だろうと想像して、書き出すことにしています。頭の中って狭いので、考えているうちに自家中毒的になっちゃうところがある。書き出す作業を入れることで、整理もできます。

Q2　イ・ミンギョン『脱コルセット　到来した想像』（タバブックス）を拝読させていただきました。この中では、6B4Tの概念については、4T（脱コルセット、脱オタク、脱アイドル、脱宗教）の

話だけで、6B（非恋愛、非SEX、非婚、非出産、非消費、非婚同士の助け合い）について触れていなかったと思います。6B4Tや、逆に結婚制度、結婚に憧れを持つ女性について、どのように考えていますか。

『脱コルセット』は、運動の概念やありようというより、その運動を必要とした女性たちにインタビューを行い、当事者の言葉から運動を読解した記録です。著者がインタビューを行った時期が二〇一八年の夏から二〇一九年の春までと限定的でもありますので、運動のすべての概念が解説されている本ではないように思います。結婚制度、結婚への憧れについてですが、私は結婚に憧れを持つ方も、あるいは結婚はしないと決める方も、どちらも尊重されるべきだと考えています。制度というのは、誰かが全員必ず使わなければならないものではないですよね。基本的に、必要としている人のために整えていくものだと思います。

もうすぐ、ホンサムピギョル**『未婚じゃなくて、非婚です』**（左右社）という本が出ます。この本では、個人の人生にとって大事な選択を、国家の制度や権力関係でこちらが良い／悪いと決めること自体に非常に抵抗があるということが述べられている。個人の選択は、優劣なく尊重されるべきだと私は考えています。

Q3　私は中国から来た留学生です。私の国では、上野千鶴子さんの『女ぎらい　ニッポンのミソジニー』（朝日新聞出版）という本が流行っています。女性嫌悪《ミソジニー》について、小山内さんはどのように感じ

ていますか。

ミソジニーの表れ方は、国の制度によって違ってくると感じます。韓国の場合、一番有名なのが兵役制度に関する女性嫌悪《ミソジニー》です。女性が兵役に参加しないのはずるい。ラクをしているくせに、自分の欲望ばかり果たしやがってという風な考え方に陥っているんです。

対して日本は、視えない部分で女性嫌悪《ミソジニー》がはびこっている気がします。入試の点数を操作して、女性の合格者数を減らす、最近で言えば、避難所に生理用品を送るのは優先事項でないなど……。社会に根づいたミソジニーではないでしょうか。

Q4 「社会がおかしいと叫ばなければならない」という言葉が、とても印象に残っています。今の時代において、社会が変わるにはどういった行動をするべきだと思いますか。

選挙だと思います。一人一票しか与えられないので、力が弱いといえば弱いけれど、SNSみたいなものを活かすことで、横のつながりは生まれやすくなっている。私たちがもうちょっと公約の具体的な政策を精査しながら投票したり、ジェンダーバランスを意識したりすれば、それだけでかなりのことは変わっていくと信じています。

三月に、**『82年生まれ、キム・ジヨン』**（筑摩書房）の作者である、チョ・ナムジュさんのデビュー作**『耳をすませば』**（筑摩書房）が刊行予定です。人生それ自体がサバイバルゲームであることがよくわかる群像劇なのですが、著者のあとがきには、「できるだけ長く生き残りましょう、私たち。ダメでも次の機会があることを、忘れずにいましょう」という一文がありました。翻訳を担当したという以前に、同時代を生きる人間として、とても励まされました。

道のりは長いけれど、私たちもできるだけ長く生き残り、社会がいい方向へ変わっていくよう声を上げることが大切なのではないかと考えています。

★おさない・そのこ＝韓日翻訳者。訳書にカン・ファギル『大仏ホテルの幽霊』『大丈夫な人』『別の人』、キム・ホンビ『多情所感　やさしさが置き去りにされた時代に』『女の答えはピッチにある　女子サッカーが私に教えてくれたこと』、チョン・ソンテ『遠足』、ク・ビョンモ『破果』『四隣人の食卓』など。一九六九年生まれ。

読書案内

▼人生の岐路で出会った本

高橋たか子『高橋和巳の思い出』構想社、一九七七年

▼韓日翻訳者になるきっかけとなった出来事

立岩真也『弱くある自由へ　増補新版　自己決定・介護・生死の技術』青土社、二〇二〇年

▼私にとって本とは何か

タバブックス編『韓国フェミニズムと私たち』タバブックス、二〇一九年

イ・ミンギョン『私たちにはことばが必要だ　フェミニストは黙らない』すんみ・小山内園子訳、タバブックス、二〇一八年

▼大学生のうちに読んでほしい本

カン・ファギル『別の人』小山内園子訳、エトセトラブックス、二〇二一年

▼「人生」について考える

イ・ミンギョン『脱コルセット　到来した想像』生田美保／オ・ヨンア／小山内園子／木下美絵／キム・セヨン／すんみ／朴慶姫／尹怡景訳、タバブックス、二〇二二年

ホンサムピギョル『未婚じゃなくて、非婚です』すんみ／小山内園子訳、左右社、二〇二四年

チョ・ナムジュ『82年生まれ、キム・ジヨン』斎藤真理子訳、筑摩書房、二〇一八年

チョ・ナムジュ『耳をすませば』小山内園子訳、筑摩書房、二〇二四年

第10講◉

メディアは人生と社会を豊かにする

2024年1月23日　昭和女子大学

永田浩三
ジャーナリスト・
武蔵大学教授

ジャーナリストを目指すまで

今日は読書を中心にすえながら、メディアに関わった私が体験したことをお話ししていきたいと思います。あっち飛びこっち飛びになるかと思いますが、よろしくお願いします。

私は一九五四年に大阪で生まれ、仙台の大学を卒業した後、NHKに入って主にドキュメンタリーの世界で仕事をしてきました。「クローズアップ現代」という番組が今も放送されていますが、その編責（プロデューサー）の仕事を八年間しました。「ぐるっと海道3万キロ」「ドキュメンタリー'89」「ETV2000、2001」「NHKスペシャル」など多くの番組を制作しました。

二〇〇九年から武蔵大学の教員になって、一五年目になります。学生たちと一緒にドキュメンタリー番組を作ったり、映像の歴史を学ぶとともに、私自身もドキュメンタリー映画を作ってきました。沖縄が直面するさまざまな痛みを本土に向けて深く伝え続けているジャーナリストの森口豁さんの旅を追いかけたり、日本の原発の炉心部で働く人の写真を世界で初めて撮ったカメラマンの樋口健二さんの人生をたどる映画を作りました。

最初に、みなさんと同じ、私の十代後半、二十代前半の頃のことをお話しします。

私が大阪の高校生だった頃、出版界は活況を呈しており、受験参考書で知られる旺文社が、旺文社文庫をスタートさせていました。新しい文庫が出るたびに近所の本屋で買いました。ちょっとオーバーに言えば、全部読み切るぞという勢いで読書に励んでいました。旺文社文庫は一〇〇冊読むと本箱がもらえたんです。私の友だちは見事に本箱をゲットしました。私は新潮文庫や岩波文庫、角川文庫、潮文庫にも目移りしていたので一〇〇冊には到達できず、文鎮をもらっただけでした。でもとにかく本を読むことが大好きでした。

中学三年の時（一九六九年）、アポロ11号が月面着陸に成功します。翌年大阪で万国博覧会が開かれ、世界中の人たちが大阪にやってきました。当時はラジオ英会話やテレビ英会話が全盛で、私も英語

が好きだったので、千里の万博会場に通って、外国人にひたすら英語で話しかけることを繰り返しました。日本の若者がつたない英語で話しかけてくるので、さぞ迷惑だったと思うのですが、お客さんのなかには、会場の売店でアイスクリームをご馳走してくれたり、優しく会話に応じてくださった方がいたことを覚えています。

そんな私の若いころのことを書いたのが、**『ジャーナリストたち　闘う言論の再生を目指して』**（三一書房）です。みなさんの中で、ジャーナリストを志す人もいるかもしれません。新垣毅さん、石橋学さんや阿部岳さん、安田浩一さんといった硬派のジャーナリストの若い時代のことがつつみ隠さず正直に語られているので、参考になればと思います。

ドキュメンタリーとの出会い

高校卒業後、仙台の大学に入り、心理学、聴覚に障がいを持つ子どもの心理学を勉強し、聾学校にも通いました。そこで一冊の本に出会います。ノーベル医学生理学賞を受賞したこともある動物行動学者コンラート・ローレンツの**『ソロモンの指環　動物行動学入門』**（早川書房）です。当時、エソロジー、動物行動学ってすごく流行ったんです。

「ソロモンの指環」とは、『旧約聖書』に出てくる魔法の道具のこと。ソロモンという王様が持っていた、動物たちと会話することができる不思議な指輪があるんですね。この伝説を念頭に置いてつけられたのが、本書のタイトルです。ローレンツ先生は動物の行動の謎を解き明かす、動物の言葉を理解できる達人でした。

有名な話があります。ハイイロガンという鳥の赤ちゃんは、生まれて初めて自分の目の前を横切った動いているものを親だと認識し、後をひょこひょこついていく。日本語で言えば刷り込み、英語で言えばインプリンティングです。これを発見したのがローレンツ先生なんです。この本に出会って、自分の目が動物の目に変わっていくような気にもなり、人間と動物の壁を越えた言葉の不思議に関心を持ち、学生時代を過ごしました。

大学卒業後、NHKに就職し、京都放送局に配属され、自然科学番組をたくさんつくりました。数学者の広中平祐さんが、数学界のノーベル賞と言われるフィールズ賞をとった時の番組・福井謙一さんがノーベル化学賞をとった時の番組を作ったこともあります。でも、番組を作りながら私自身、何がどうすごいのか全然理解できていなかったんです。

研究のすばらしさを伝えなければならない人間が、本当のことがわかっていない。私は科学の番組を作るのに向いていない。才能がない、知識がない、理解力がないと本気で悩みました。これでは生きていけないと思っていた時に、世の中で起きていることを生々しく伝えるドキュメンタリーの分野で活躍する先輩たちに出会います。その面白さに目覚め、科学の専門分野からドキュメンタリー一般の世界に興味が移っていきました。

訳のわからないものに言葉を与える仕事

今もNHKで放送されている「クローズアップ現代」は、一九九三年に始まりました。初代キャスターは国谷裕子さんで、二三年間担当しました。日本のテレビ界で、最も信頼されているキャスターだと私は思っています。そんな彼女が書いたのが、**『キャスターという仕事』**（岩波書店）という本です。

キャスターは取材者と視聴者の橋渡しをする仕事であり、自分の言葉で出来事について語る役目があります。「クローズアップ現代」の冒頭で、その日の放送のテーマをわずか二分半で伝える。前説といいますが、この二分半の原稿を自分の言葉で書ききるということを、国谷さんはずっと続けました。世の中で起きていることは、訳のわからないことだらけです。この「わからないこと」を説明するために、的確で新しい言葉を与える。これがキャスターの仕事だと、彼女は著書で書いています。

でも、それはキャスターの仕事だけに限らないと私は思います。テレビの仕事、あるいはメディアの仕事はすべて、訳のわからないものに、それにふさわしい言葉を与えることだと私は位置づけたいと思います。

二〇二四年の元旦、能登半島で大変大きな地震がありました。人々の苦しみはこれからもずっと続いていきます。今から二九年前の一九九五年一月にも、大地震があったんです。阪神淡路大震災。たくさんの人が命を落としました。

当時、私の姉が神戸に住んでいたため、避難所にいる彼女のことが心配でした。私は自ら志願して、東京から現場に入りました。たぶん、一番長く現場に滞在したプロデューサーの一人だったと思います。

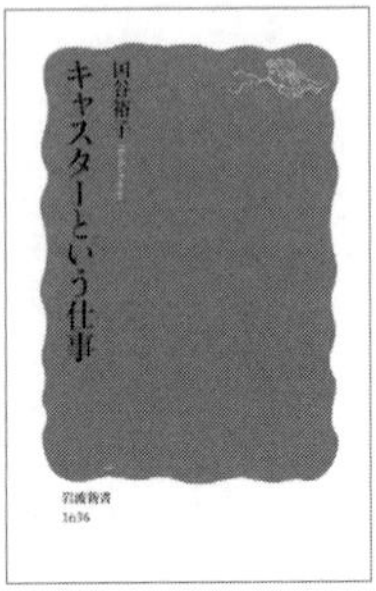

阪神淡路大震災ではこんな言葉が生まれました。「ボランティア社会」、もしくは「ボランタリー社会」です。誰かに頼まれたわけでもなく、お金儲けではなく自ら率先して現場に出向き、困っている方たちを助ける。この頃から、そういった活動がメディアで取り上げられる

ことが増えていきました。

二つの大地震と、能登半島地震

被災者のところに行くと、当然ですが、不幸の話を掘り出すことになります。あえて悲しみをほじくるようなことをしてどうすると、メディアの外側の人たちは言います。でも実際に行ってみると、「もっと自分の話を聞いて欲しい」という人たちがいっぱいいる。災害が起きた直後は、この苦しみを誰かに語りたい、語らないではいられないという状況になる。専門用語で「ハネムーン期」と言います。語りたい相手がメディアの場合もあるんです。

神戸の現場に入ってから、被災地のいろんなところを歩きました。地震によって建物が傾いているので、自然と私の体も傾いて歩くようになる。水平が崩れてしまうんですね。何を見ても涙が出るという状況に追い込まれたりもしました。知らずのうちに、心にもダメージを受けていたんです。

二〇一一年三月には、東日本大震災が起きました。津波は本当にひどかった。『**あれからの日々を数えて　東日本大震災・一年の記録**』（大月書店）という本にも書きましたが、被災当事者が語ることがどれほど大事なことか。津波の時に、人々は何を思ってどう行動したのか。いろんな体験者の集積の中に、我々が同じことを繰り返さない知恵がいっぱい詰まっているような気がします。

そして、今年一月の能登半島地震。輪島や珠洲といった奥能登と言われているところは海岸線が大変美しい場所です。海岸ギリギリまで瓦屋根の街並みが続いて、波は穏やかで、そこに夕日が沈んでいく。伝統の朝市があったり、塩を昔の製法で作っているところがあったり、見事な棚田が残っていたりと、素敵な風景が広がっている地域でした。そこが地震で大きく崩れたり、火災で消失したりしました。

津波予報に対するアナウンス

今回の地震報道で特筆すべきは、津波に対しての警戒アナウンスです。地震の後、最初の津波は何十センチ、せいぜい数メートルのものが大半です。東日本大震災の時も、警報が出ているけれど、数十センチなら大したことはないだろうと思った人がたくさんおられた。せっかく避難したのに、いったん家に戻って大事なものを取りに帰って被害に遭った方が多かったんですね。家に戻った途端、巨大な津波がやってきて命を失った。

津波の危険性を伝えるアナウンスに課題があったのではないか。アナウンサーたちは深く反省し検証を続けました。そんな作業を積み重ねた中での、今回の地震と津波の報道でした。NHKでは、金沢放送局に勤務したこともある山内泉さんという女性アナウンサーが避難を呼びかけました。彼女は、「とにかく今すぐ家から逃げること」と力強く伝えました。「逃げてください」ではなく、「逃げること」と断言しました。

「逃げない」という選択肢はないことをひたすら繰り返す。能登の地震で、最も大きな津波は四メートルを超えていたそうです。山内さんの呼びかけが、結果的に何人もの命を救ったと言われています。

勇気ある、立派なお仕事です。

津波は来ないかもしれない。でも来るかもしれない。この時、アナウンサーは未来の預言者のような立場に立たされます。そんな中、「津波が来るかもしれない」という預言の方を選んだのが山内さんです。とにかく、テレビの向こうの人たちの命を一人でも助けたい。心の底から命を救いたいという魂の叫びが山内さんという生身の人間の中にあって、それが言葉として発せられたのではないでしょうか。

災害時における被災者とは

私が大事にしている本があります。ビヴァリー・ラファエルの『**災害の襲うとき　カタストロフィの精神医学**』（みすず書房）です。災害で被害に遭った人たち……家が潰されたり、家族を失ったりした第一次被災者はもちろん、その家族や親戚、友人も心に深手を負います。

命が失われるのは災害だけではありません。一人の自殺者がいた場合、本人と親しい関係にある周囲一〇人が、生きていけないぐらいの悲しみに襲われるそうです。日本では十数年前、自殺者が年間三万人を超えていました。三万人が死んだ場合、その苦しみに襲われる人がその一〇倍ですから三〇万人です。一〇年続くと三〇〇万人。これは災害においても同じです。

救援復旧にあたる人たちもまた、心の傷を負います。駆けつけた時にはすでに亡くなっている場合も多くあります。助けたくても助けられない。無力感に打ちひしがれることもあります。心身に負担を感じ、自分をさいなむことが山のようにあります。

さらに、現地の取材者もまた被災者の一人だとラファエルは言っています。報道の人たちは、勝手にカメラを向けたりマイクを突きつけてひどいと、ネットで書かれたりします。確かにそうかもしれない。でも、被災者本人は声を上げる機会がないんです。被災者に成り代わって、起きたことの現状を正確に誰かが伝えなければいけない。伝える仕事の人たちも、実は被災者の一人だとラファエルは書いています。

裏金問題と民主主義

さて、最近のニュースについてお話ししましょう。

自民党派閥の政治資金パーティーの裏金問題です。これは、日本社会における民主主義の根幹に関わる出来事です。政治家たちが大きなパーティーを開く。例えば二万円の会費だとしましょう。でも、出てくる料理はとてもさびしい。なぜなら、そのお金のほとんどは政治家の懐に入ってしまうから。利益率が九割を超えていたパーティーもあるようです。

パーティーで儲けたお金を政治資金として届け出もせず裏金として好き勝手に使っていたことを最初にスクープしたのは大手の新聞やテレビではありませんでした。日本共産党の機関紙『赤旗』の日曜版です。二人の記者が追いかけて、スクープしたんです。

どうやったのか。これはすごく簡単です。ネットで検索すれば、みなさんも政治家の政治資金収支報告書を見ることができます。政治家が出している報告書、それからパーティーの券を買っている政治団体の報告書の両方を突き合わせてみる。すると、政治団体と政治家の報告書が合わなかった。

二つの報告書を一つ一つチェックして、二人の記者はパーティー券による裏金問題を暴きました。上脇博之さんという神戸学院大学の憲法学の先生は、この問題についていろいろな場所で詳しく解説しています。上脇さんの著書では、**『なぜ「政治とカネ」を告発し続けるのか　議会制民主主義の実現を求めて』**（日本機関紙出版センター）という本がおすすめです。

利権がからんでいるひと、買収されお金をもらったひとに投票する。そんなことがあっては、民主主義が終わってしまいます。同じように、パーティーに行ってお金を出す、あるいは過剰にお金を出すというのは、有権者と政治家の関係が歪になる。

お金を出してくれた人の顔だけを見て政治をすることはあってはなりません。健全な民主主義のためには、どんな人も平等で、対等で、どんなハンディを負っていようが、どんな状況に置かれようが、投票行動は同じようにできなければいけない。しかしお金が絡んでくると、そういうわけにはいかなくなりますよね。

情報の公開・入手・共有の重要性と日本の現状

メディアの話に戻ります。放送法とは、テレビやラジオに関する法律です。第一条には「放送が健全な民主主義に資すること」と書かれています。放送の仕事に携わる人は健全な民主主義のために仕事をしなさいということです。「健全な」とわざわざついているのはなぜか。これは多数決だけではなく少数の人、多様な人たちのことを考えて放送しなさいと書いているのです。

政治資金収支報告書などを調べて、その結果を報道することを調査報道と言います。**『情報公開と憲法 知る権利はどう使う』**(リベ研BOOKLET)は、60ページ余りのブックレットですが、とてもためになります。行政が持っている情報を分け隔てなく入手できなければならないということが、丁寧に論じられています。

たとえば原発事故の時、放射性物質は周辺地域にどれくらい飛んできたのか。この情報を行政が知っていたとして、住民にきちんと知らせているか。情報を共有した皆が、その情報を元に物事を判断できるのか。誰もが正確でわかりやすい情報を手に入れることができ、正しく判断でき、その上で世の中がまわっていく。これが民主主義の基本です。よりよき地域、よりよき国を作るために、情報の公開・入手・共有が大切です。しかし、今の日本社会はそうはなってません。

首相官邸の記者会見を仕切っているのは、官邸の報道室です。記者たちが質問する中身や順番までも決めているんですね。正式な記者会見に加えて、ぶら下がりとよばれる会見もあります。首相が官邸の中を歩いていく途中で記者たちが呼び止めて質問を投げかけるのですが、せいぜい二問か三問ぐらいです。こんなことでまともな取材ができるとは、とても言えません。まるで政治家と記者が演じるお芝居というか、儀式のようです。

アメリカで言えば、CNNというリベラルなテレビ局の記者がトランプ大統領に厳しい質問をしました。トランプ大統領は「出て行け」と言ったのですが、まわりの記者たちはCNNの記者を守った。記者同士が互いに連帯し、大統領という権力者に立ち向かう場面がありました。アメリカでは、大統領に厳しい質問を投げかける記者が尊敬されます。政治家も記者に敬意を払う。聞かれたら困るようなことをきちんと聞く記者が偉い。国民がメディアを評価する基準には、そういうもの差しがあるんです。

しかし、日本はそうではありません。政治家に忖度し、記者たちが政治家との関係を壊さず癒着し、互いに牽制しあい、抜け駆けするようなスクープを避けることで、日々の政治ニュースが作られていく。これが日本の現状です。

ロッキード事件・田中金脈が暴かれた背景

私が大学生だった時に、「ロッキード事件」が起きました。全日空がロッキード社のトライスターという航空機を買うにあたって、当時首相だった田中角栄に巨額の賄賂が支払われた贈収賄事件です。事件から半世紀、いまだに謎が残されており、ジャーナリストの中には追及を続けている人がいます。

当時、新聞やテレビはなかなか真相にたどり着けませんでした。最初に壁を打ち破ったのは立花隆さんです。フリーランスのライターで、週刊誌、月刊誌のメディアを使って、田中角栄をめぐる不透明なお金の流れを地道な調査で突き止めていきました。いわゆる田中金脈報道です。

もう一人、児玉隆也さんというルポライターは、田中角栄のいろんな人間関係について暴いていきました。新聞社やテレビ局ではなく、フリーのライターの頑張りによって、田中元首相は追い詰められていったのです。

堀田力さんの『**壁を破って進め　私記ロッキード事件**』（講談社）という本があります。これは当時東京地検特捜部の検事だった堀田さんが、ロッキード事件の捜査の中で体験したことを後に綴った本です。一国の総理大臣だった人を逮捕することが、どれほど大変だったのかが書かれています。

捜査は東京地検特捜部だけでは、限界があります。今起きている裏金の問題についても、政治家に事情聴取がなされ、ほんの一部の政治家、会計責任者が立件されました。が、派閥のリーダーや幹部は罪を問われないままうやむやに終わることが懸念されています。野党の追及、メディアの結束、何よりみなさんたち、私も含めて有権者である国民の関心があってこそ、ひとつの事件の真相の一部が明らかになっていくんです。メディアだけが頑張ればいい、検事の人たちが頑張ればいいだけではどうにもならないと、堀田さんは強く主張しています。

「慰安婦」に対する歴史的背景

ＮＨＫと政治家の関係を象徴するような出来事についてお話しします。この件には、私も深く関わっています。『**ＮＨＫと政治権力　番組改変事件当事者の証言**』（岩波書店）という本を持ってきま

したが、この中で私自身の恥ずかしい体験について詳しく述べています。

二〇〇〇年の一二月、九段会館で女性国際戦犯法廷が開かれました。アジア太平洋戦争の時にたくさんの慰安所が作られ、女性たちが日本軍の「慰安婦」として大変な被害に遭いました。私は女性国際戦犯法廷などを取材したETV2001の「戦争をどう裁くか」というシリーズ番組に、プロデューサーとして深く関わりましたが、この番組の内容が放送直前に大きく改変されることになります。

背景について少しお話します。一九九一年に、金学順（キム・ハクスン）さんという方が、「私は日本軍の慰安婦でした」と実名で名乗り出ました。そこから政府が動き、このひどい歴史的出来事について事実を明らかにしていくことになりました。

一年以上調べた結果、当時の宮沢内閣の官房長官であった河野洋平さんが、「慰安所の設置、管理及び慰安婦の移送については、旧日本軍が直接あるいは間接にこれに関与した」ことを認め、慰安婦へのお詫びと反省を表明しました。「河野談話」と呼ばれるもので、被害を二度と繰り返さないために、教育や研究などを通じて、末永く語り継いでいく。談話と言っても世間話ではありません。条約に準じる大切な国際舞台の上での約束でした。

日本社会において、学校教育の現場で子どもたちに考えてもらい語り継いでいくために、中学の歴史の教科書に、「慰安婦」問題がきちんと記述されるようになりました。

ところが、一九九〇年代後半、日本を愛することを標榜している人たちは、それが気に入らなかった。安倍さんを含む自民党内で結成された議員連盟「日本の前途と歴史教育を考える（若手）議員の会」は、教科書への記述に対して攻撃を仕掛けたんです。教科書会社は、経営規模が小さいですから政治家や日本会議などからの攻撃にひとたまりもありません。「慰安婦」のことを記述した教科書はなくなっていきました（今はまなび舎と山川出版社の二社の教科書で記述が復活しています）。

「こんなことがあっていいのか！」

次に対象になったのはテレビです。その影響で、二〇〇一年に放送予定だった番組を一部変更せざるを得なくなったのです。細かくは言いませんが、放送の直前にＮＨＫのナンバー3である放送総局長の松尾武さんが安倍さんたちに呼びつけられ、「公平公正にやってくれ」「お前勘ぐれ」と言われたようですが、確かなことはわからないままです。「勘ぐれ」とは、みなまで言わせるなということです。

憲法二十一条の第二項には、「検閲は、これをしてはならない」と書いてあります。ＮＨＫとやりとりをした当時の安倍さんの立場は、官房副長官。仮に政府の高官が放送の前に番組内容を変えろと命令したら、それは検閲――つまり憲法違反の指示を出したことになる。安倍さんの責任は重大なもので、看過できません。

でも、これらは闇に葬られたままです。安倍さんたちと会った総局長は、われわれ現場に業務命令を行い、被害に遭った中国や東ティモールの元「慰安婦」の女性たちのインタビュー、戦場でひどいことをした元男性兵士たちの証言などをカットすることになってしまいます。もろもろの顚末については、『NHKと政治権力』に書いています。

最後の土壇場で、こんなやりとりがありました。私はプロデューサーでしたけれど、いっしょにやっていた長井暁デスクがこう言うんですね。

長井デスク「永田さん、納得できません。上と掛け合ってきてください」
永田「僕らは今奈落の底にひゅーっと落ちていく感じだね。行ってくるよ」

どこに行くのか。命令を下した放送総局長のところです。しかしその時、情けないことに放送総局長の部屋がわかりませんでした。そこで番組制作局長の前の部屋で、「こんなことがあっていいのか！」と私は叫びます。その時に、ある人が「僕がついて行ってあげるよ」と放送総局長室に連れていってくれました。「なんとか証言を残してくれませんか」と交渉したのですが、総局長にはこう言われました。

「私が番組の責任者だ。納得できないものは出せない。慰安婦問題は今後もやれるから」。

こういうことがあって、最後は私が番組の責任者として、テープにハサミを入れたという次第です。

放送は声を上げられない人のためにある

この出来事について、四年経ってから朝日新聞がスクープします。そしてデスクだった長井暁さんが記者会見を開きました。たった一人で判断し、たった一人で、政治家の制作現場への介入やＮＨＫ内部のひどさを世の中に伝えたのです。私には記者会見を行うことは何も伝えられていませんでした。後に続く形で、わたしもその後に行われた東京高裁での裁判で、ほんとうのことを証言することになりました。長井さんは最近ご自身の体験を立派な本にされました。

裁判において私が一番大事に思ったのは次のことです。

被害にあった女性たちは、戦争の中で人生が狂うような体験をしました。放送は、声を上げられない被害者の側にこそ立つべきです。政治家におもねったり、政治家の顔色を窺うＮＨＫの方が間違っている。放送は声を上げられない人のためにある。だから当時のＮＨＫの判断は間違っていたのだと。私は裁判所でそうした趣旨を訴えました。

憲法二十一条一項には、「表現の自由」が記されています。当時私はＮＨＫに所属しているサラリーマンでした。裁判の時には「本当のことを言います」と宣誓してから証言するわけです。つまり憲法によってしっかり守られているんです。サラリーマンとしてのルールよりも、真実を証言するという憲法が優先されることを身をもって実感しました。

さて、この一連の騒ぎの中でＮＨＫはどういう行動に出たのか。簡単に言いますけれども、ＮＨＫはニュースを通じて、「そんな事実はありません」と伝えました。これは、ニュースとしての死を意味しています。番組改変を命じた松尾放送総局長は、長井さんのことを「憶測で物を言うジャーナリストを私は許せません」と言いました。しかし、「許せません」という言葉を、そのまま松尾さんにお返ししたいと思います。

事件から見えてくることはいろいろあります。内部的自由、つまりテレビ局のサラリーマンだからといって、ＮＨＫの組織を守るために振る舞えというのは間違っている。本当のことをきちんと言う「自由」が必要です。

私は「ひどいことが起きてます」とＮＨＫという組織の外、市民・視聴者に向けて発信することができませんでした。ＮＨＫは各メディアによってスキャンダラスに批難されました。この問題は政治家とメディアの関係の中で起きた出来事です。この問題についてメディア相互の連帯もできない中、その渦中で戦おうとしている人を守ろうといった報道は、ほとんどありませんでした。

原発立地計画とドキュメンタリーの力

最後に、科学とジャーナリズムについてお話しします。先ほど、私が科学ジャーナリストを志し、挫折した話をしました。

今回、能登半島地震では地震や津波の被害だけではなく、原子力発電所のことも話題になりました。能登半島西側にある志賀町には志賀原発があります。東日本大震災の時の東京電力福島第一原発事故のようなことが、また起きるかもしれないと心配する声が高まっています。

実は、原発についていえば、当初、能登半島の先端にある珠洲市に建設する予定がありました。計画が立ち上がったのは一九七〇年代です。これに対して、珠洲市にある円龍寺の住職・学校の先生たちが中心となって「原発反対」の声を上げました。

一九九六年には、チェルノブイリ原発事故が起きます。この被害は今も続いており、福島原発事故が起こる前までは、史上最大の原発事故と言われていました。チェルノブイリ原発事故を受け、珠洲の人たちは原発を作るのをやめてほしいと本格的に声を上げます。

その最中、NHKのドキュメンタリー番組が制作されます。珠洲市の高屋地区の土地が、関西電力に次々と買われていく。地域の登記簿を二〇〇〇筆あまり取得し、一つ一つし分析して、原発が作られていく流れを暴いた衝撃作です。七沢潔・日置一太という優れたディレクターが制作にあたりました。私も同じ班にデスクとしておりました。番組は大きな話題を呼び、議論の末、二〇〇三年に珠洲原発の計画は凍結されました。もし、珠洲に原発があったら、今回の地震で本当に恐ろしいことになっていたと思いますし、その南の志賀原発についても目が離せません。

科学を使って考える

原発への警鐘を鳴らした人で言えば、この人の名前を忘れることができません。二〇〇〇年に亡くなった、核化学者の高木仁三郎さんです。高木さんは、「人々が明日に希望を持って生きることに科学はいかに貢献できるのか、そのことを抜きに人間の顔を持った科学を語ることはできない」と言っています。私は高木さんが亡くなる直前、テレビカメラの前で語ったシリーズ番組を作りました。

高木さんが尊敬していたのは、詩人で童話作家の宮沢賢治です。賢治の作品に、**『グスコーブドリ**

第10講

の伝記』があります。気候変動の結果どんどん寒くなっていく世界で、火山を爆発させれば暖かい大地が戻ってくるかもしれない。でも爆発させるためには、誰かが命を投げ出さなければいけない。そこでグスコーブドリという少年がその火山の爆発に尽力するという、ちょっと悲しい物語です。

高木さんはそんなグスコーブドリを尊敬し、宮沢賢治を人生の師と仰ぎます。そういったことを書いたのが、高木さんの著書**『市民科学者として生きる』**（岩波書店）という本です。

去年から、福島原発の事故で汚染された水を処理したうえで、海に流すようになりました。しかし、トリチウムやストロンチウム90やセシウム137といった放射性物質を含む水が海に流されると、どのようなことが起きるのか、わからないことだらけです。ですから科学を使って調べ、みんなで共有し考えることが大事なのです。

小さな声を閉じ込めた宝箱

核エネルギーの暴走で思い出すのは、広島、長崎への原爆投下と、一九五四年三月に起きたビキニ環礁での水爆実験です。七〇年前、第五福竜丸の乗組員二三人が爆心から一六〇キロ離れていたにもかかわらず、降ってきた死の灰を浴びました。そして、半年後に乗組員の久保山愛吉さんが命を落とします。

事件を受け、俊鶻丸という調査船が出航しました。アメリカは反対したけれども、日本の科学者やジャーナリストたちが命がけで海の汚

染の実態を計測しに行ったんですね。ジャーナリストは科学者におんぶに抱っこではいけない。自分たちも海水の汚染のサンプルを採取し、基本的な検査ぐらいできるようになりたい。そう考えたジャーナリストたちが動いた。現在の科学ジャーナリズムは、ここから始まっているのです。

ウクライナ、ガザでの戦争は終わりが見えません。イスラエルがガザに行っていることは戦争ではなく虐殺です。戦争や虐殺は命を破壊する行為であり、最大の人権侵害です。そしてその悲惨な現場を訪ね、当事者の声を世界に向けて伝えるのがメディアの役割です。そのことを考えるうえで、藤田早苗さんが著した**『武器としての国際人権　日本の貧困・報道・差別』**（集英社）という本を手に取ってほしいと思います。

声をあげられない人の声を聞き、それを届けるのがメディアであり、ドキュメンタリーは最も優れた形式です。日々苦しむ人々の小さな声を聴く。それは闇の中のマッチのような灯のようなものです、人間の尊厳、その声を閉じ込めた宝箱を開くのがメディアです。メディアは可能性にあふれています。どうか今日ご紹介した本との対話を試み、メディアについて学んでほしいと思います。

★ながた・こうぞう＝ジャーナリスト・武蔵大学社会学部教授・ドキュメンタリー研究。元ＮＨＫプロデューサー。著書に『奄美の奇跡　「祖国復帰」若者たちの無血革命』『ＮＨＫと政治権力　番組改変事件当事者の証言』など。編著に『フェイクと憎悪　歪むメディアと民主主義』。共著に『現代ニッポンの大問題　メディア、カルト、人権、経済』。現在『原爆と俳句』（仮題）執筆中。一九五四年生まれ。

読書案内

▼ジャーナリズムを考える

前田朗編著『ジャーナリストたち　闘う言論の再生を目指して』三一書房、二〇二二年
国谷裕子『キャスターという仕事』岩波書店、二〇一七年
上脇博之『なぜ「政治とカネ」を告発し続けるのか　議会制民主主義の実現を求めて』日本機関紙出版センター、二〇二三年
三木由紀子ほか著『情報公開と憲法 知る権利はどう使う』白順社、二〇一七年
堀田力『壁を破って進め　私記ロッキード事件』講談社、二〇〇二年
長井暁『NHKは誰のものか』地平社、二〇二四年
永田浩三『NHKと政治権力　番組改変事件当事者の証言』岩波書店、二〇一四年
藤田早苗『武器としての国際人権　日本の貧困・報道・差別』集英社、二〇二二年

▼災害と報道

NHK取材班『あれからの日々を数えて　東日本大震災・一年の記録』大月書店、二〇一二年
ビヴァリー・ラファエル『災害の襲うとき　カタストロフィの精神医学』石丸正訳、みすず書房、二〇一六年

▼科学を使って考える

宮沢賢治　原作・司修　文と絵『グスコーブドリの伝記』ポプラ社、二〇一二年
高木仁三郎『市民科学者として生きる』岩波書店、一九九九年

第11講◉

「〝メディア〟をつくる」とは？　学生たちとの対話を通して

2023年5月20日　成城大学

増田ユリヤ
ジャーナリスト

◉本講義は、増田ユリヤさんと成城大学の学生の対話型となっている。参加した学生は、『**メディアをつくる！　YouTubeやって考えた炎上騒動とネット時代の伝え方**』（池上彰との共著、ポプラ新書）の一部を読み、事前に質問を準備。それに応答しつつ、増田さんからの逆質問なども行われながら、議論が進んでいった。（**編集部**）

誹謗中傷か表現の自由か

まず簡単に、私とジャーナリストの池上彰さんがYouTubeチャンネル「池上彰と増田ユリヤのYouTube学園」を開設した経緯をお話しします。私は池上さんと、三〇年以上一緒に仕事をしています。二〇二〇年に新型コロナの流行で世の中がロックダウンしたときには、**『感染症対人類の世界史』**（ポプラ社）を共著で刊行しました。でも、リアルの本屋は開いていないし、Amazonは日常の必需品の配達で手一杯。本を手に取ってもらえる術がなく、どうしたものかと悩みました。その中で池上さんが、YouTubeをやってみようと言い出したんですね。

「池上彰と増田ユリヤのYouTube学園」は、二〇二三年の六月で三年目になります。その間に起こった炎上騒動について、みなさんは本や動画を見てくださっているそうですね。今日はどんな質問も答えますので、何でも聞いてください。

――対人的な攻撃は卑劣であり、認めるべきではない。確かにそうですが、一方で悪口を言った人も自分なりの正義のもとに、自由に表現・行動している可能性があると思います。その場合、YouTube学園の目標である「自由・平等・正義のもとに」という目標を達成しているのではないでしょうか？

この中に、SNSなどで炎上した経験がある人はいますか？　どういう理由であれ、炎上するとコメント欄にね、番組の内容とは全く関係のない、ただただ汚い、酷い言葉が並ぶんですよ。それもものすごい数が。

最初に攻撃を受けたきっかけは、テレビ朝日系列の「大下容子　ワイド！スクランブル」で、私がトランプ前大統領について発言したことでした。「個人的な意見ですが」というエクスキューズをつけて発言したのですが、トランプ氏の熱狂的なファンには許されず、攻撃が始まったんですね。

テレビ局に電話が殺到し、その後は直接関係のないYouTubeの番組も誹謗の対象になりました。同様に、池上さんへの攻撃も始まります。それまでにも池上さんは、テレビ番組での発言が、SNSで炎上することがありました。私も池上さんも、自身ではSNSはやっていないのですけどね。今回、加えてYouTubeという攻撃の場ができてしまった。

そういう誹謗中傷の行為も、表現の自由と言えると思いますか？　人としてこれ以上してはいけないという線を超えた誹謗中傷は、やはり許せない。私たちはそう考えましたし、そのことをはっきり伝えるべきだと思ったんです。

――炎上の自然鎮火を待つのではなく、それに対する意思表示の場としてYouTubeを選択したのはなぜだったのですか？

そのままにしていても、誹謗中傷は止みません。むしろ攻撃される一方です。SNSからの撤退を選択する人もいますが、私はそんなものに屈するものかと思った。それで、誹謗中傷への抵抗の動画を撮りました。ただその動画がさらに炎上して、結果的に再生数が四〇万回ぐらいになってしまっているんですけれどね（笑）。

どこまでを批判と捉えるか、あるいは悪口と捉えるか。その線引きは、突き詰めれば個人の感覚に基づくということになるかもしれません。ただ、たとえばいじめの問題で言われるように、嫌な思いをした人がいるなら、それはいじめだということなんです。

自由と規律、人として超えてはいけない一線

――ネットのよさである自由について、質問です。コミュニティ運営者と対立する立場の参加者もいると思いますが、そういう人たちをどこまで許容するべきだと思いますか？

YouTubeは自由度の高い媒体ですよね。書籍の場合、編集者や校閲など、複数の目を通った上で世に出ます。でもYouTubeは一人で動画を撮って、好きに上げることができる。多種多様な動画があり、様々な立場の人が様々な発言をしている。その自由さが、生々しくて面白いのですよね。でもだからこそ、正しい情報ばかりではなく、フェイクニュースが問題になっているのは聞いたことがあると思います。面白いから広めてしまえ。そうやって安易に嘘情報を広めることが、憎悪や闘争を生み、もめ事に発展することもあります。

発信者の判断で好きなように情報を公開できるというのは、YouTubeのプラス面であり、マイナス面でもありますよね。明確な基準があるわけではないので、発信する側も受け手の側も、「人として超えてはならない一線がある」としか言えませんが……。

YouTubeの運営側の人にも、私たちはインタビューしました。最近では、度を外れた攻撃的なコメントやフェイクニュースにあたる動画などには、フィルターをかけるよう変わってきているそうです。

――YouTube学園の校則には、こう謳われています。「自由・平等・正義のもとに、〝誰もが楽しく学べる場所〟」。にも関わらず、アンチを認めないのはなぜですか？

アンチを認めないのではなく、〝攻撃することが目的になっている〟人たちを認めないということです。番組内容についての批判であれば受けますが、気に入らないという一点で、「死ね」などといった言葉で攻撃してくるのは許せない、と考えています。

――YouTube学園には、なぜ校則が設けられているのでしょう。自分たちと同じ意見ではない人は、「悪い生徒」だと考えていますか？

自分の意見と同じではない人を「悪い生徒」だとは思っていません。言いたいことは主張してくれていいし、否定であっても感想は自由に述べてほしい。内容についての指摘は、私たちにとっても反省材料になります。でも、ただただ気に入らないから悪口を書いてくるような人も、実際にいる。人として超えてはいけないラインを超えている人たちは、「いい生徒」ではないと思うし、そこに対してはやはり、ルールが必要だと考えています。

それはもちろん、発信者に対しても言える。YouTubeは自由な場だからこそ、自分たちの中にきちんとしたルールを持っていなくてはならないと思います。私と池上さんは、「こんなふうにYouTubeを運営しています」という一例として、校則を作ってみたんです。

テレビとYouTube

――先ほど、YouTubeを始めたきっかけは『感染症対人類の世界史』を広める方法としてと仰っていました。その目標を達成した今も、なぜYouTubeを続けているのでしょうか？


炎上などの騒ぎもありましたが、YouTubeをやってみて良さも感じたからです。まず、何より好きな形で自由に発信できる。テレビ番組の場合は、動画の長さも、コマーシャルの入るタイミングも決まっています。生放送であれば、「あと十秒でコマーシャル」など指示が出ますから、それに間に合うようにコメントを終えなければいけない。そういう規制があるのがテレビです。

先ほどの池上さんの炎上についても、テレビという媒体独自の規制も関わっていると思います。テレビでは限られた時間に収めるために、周辺説明や、疑問に対する補足説明をすることが難しい。通りのよい言葉でわかりやすく語られれば、視聴者は納得する。けれど、簡単に説明できる事態ばかりではありません。問題が起きぬよう、発言には気をつかいますが、どうしても譲れない意見は言うべきだと私は思います。

でもそうした発信に、フラストレーションが溜まる視聴者もいるのでしょう。それで本人を抜きに、SNSで誹謗が増幅していく。そういうことも理由のひとつにあったのではないでしょうか。

その点YouTubeでは、何でも答えてくれる池上さんに、いくらでも質問して答えてもらうことができます。ChatGPTのような知ったかぶりをしなくていいんです。だから、続けるうちにどんどん楽しくなってきて。私自身勉強にもなりますので、今のところは続けています。

発信と責任

——YouTubeでは制限されることなく自分の好きなように発信できるのに、増田さんがテレビ出演を今でも続ける理由は何ですか？

テレビに出演することは、仕事ですよ。私はYouTuberではないので、YouTubeだけでは生活していけませんからね。それにテレビの仕事も、私自身の学びになっています。

テレビの仕事は、自主制作しているYouTubeと違い責任が重い。公共の電波を使って生放送で発言するので、表現に注意し、もちろん事実と違うことを言わないよう、誤解を招かないよう気を配る必要があります。人間なので、それでも間違うことはありますけどね。

テレビには放送法という法律があります。私はテレビ朝日の放送番組審議会委員を務めていて、番組が公正に行われているか審議するメンバーの一員でもあるんです。立場的にも放送する内容について、自分なりの考えをもっている必要がある。その考えのもとで意見を言っています。

――YouTubeで再生回数が増えれば収入が上がると思います。いわゆる炎上商法として、ある程度の誹謗中傷を利用する考えはないのですか。

嫌です。そんなことでお金をもらってどうするの？と思います。心は売らないということですね。

一番好きなのは「取材」

――金銭面や収入はいったんおいて、増田さんが一番性にあうと思っている媒体はどれですか？

テレビ出演、YouTube番組制作、書籍の執筆。いろいろな発信手段がありますが、私は何よりも取材が好きです。取材した内容を伝えたいから、それにあった媒体を選んで発信している……ということかな。

今は、チョコレートの歴史について取材しています。最初に取材に行ったのは、スペインとフランスの国境付近のバスク地方です。バスク地方からヨーロッパ全域にチョコレートが広まったと知り、なぜだろうと不思議だったんですね。取材をするうちに、その地域にはかつてスペインで虐げられたユダヤの人たちが逃げてきたこと、彼ら／彼女らがチョコレートをもたらしたことが分かりました。さらに一五世紀末から始まる大航海時代、コロンブスをはじめとする人々が、南米などの地域から様々なものをヨーロッパに持ち込んだという歴史もあります。その一つがカカオで、それがスペインからバスクに渡り、ヨーロッパ中に広まって、多くの人がチョコレートとして楽しむようになる。そういう歴史の流れを知ると、この面白さを伝えたいなぁ、どのように伝えようか、ということになるんですよね。

誹謗中傷と法規制

――なぜ人はネットだと、軽々しく他人を誹謗中傷してしまうのでしょうか？

よく言われるのは、ネットの匿名性ですね。匿名でできるから、SNSを日常の不満のはけ口にしてしまう。実名を晒して個人への批判をするというのは、勇気がいります。でもネットならば顔が見えないし、名前も言わなくていいので、自分だけは安全な場所にいられる。誰か一人が始めるとさらにハードルが下がって、エスカレートするという心理もあるのではないでしょうか。

――そもそも、なぜ酷い言葉を投げる人がいなくならないのでしょう。

私も同じことを思っています。人それぞれ置かれている立場が違うし、日々の暮らし方も違う。誰もが幸せに笑顔で生きられたらいいけれど、そうもいかないのよね。たとえば、昔は公衆トイレの壁が落書きだらけでした。罵詈雑言や個人への誹謗中傷が、ペンでびっしり書き込まれた場所がたくさんあった。そういう攻撃のはけ口を探していたところに、匿名で簡単に書きこめるSNSが登場してしまった。そのために酷い状況になっているのかなと思います。

私からも質問です。誹謗中傷をなくすにはどうしたらいいと思う？

――法的に捕まえる。もう少しSNSの法規制を厳しくした方がいいと思います。

表現の自由については？

――意見は自由に言っていいけど、「死ね」というような激しい言葉は相手を傷つけることが目的だと思います。そういうものは、厳しく取り締まるべきだと思う。

どの基準で取り締まるのかが、次の課題になってくるよね。「表現の自由」に制限を設ける。それを認めたりひとつでも譲ったときに、都合よく解釈されたり、利用される可能性も出てきます。

日本は今、自由に発言できる社会です。だけど、世界には言論統制されている国もたくさんある。そのことを考えたときに、この自由は簡単に手放していいものなのか。かといって、何の規制もせずに、誹謗中傷を野放しにしていていいのか。表現の自由については、引き続き考えるべき論点ですね。

――炎上するきっかけとなった増田さんのトランプ前大統領についての発言は、トランプ支持者にとっては攻撃になっていたのではないですか。

攻撃したつもりはまったくないのですが、それこそ私自身の基準かもしれませんよね。私はトランプ氏の発言や価値観には、やはり疑問があります。大統領という立場の人が、「コロナウイルスの流行なんて偽りだ」と言う。マスクなんてしなくていいし、今まで通り人に会ったり、集会も開いていいと。当時のコロナ禍の常識から考えると、どうしても正しい発言とは思えませんでした。ニューヨークをはじめ、米国内でも多くの人が亡くなっていた。そんな状況の中で、一国のトップが好き放題やった挙句ウイルスに罹患して、自分だけ高額の最高の医療を受ける。この事実に、腹が立って仕方がなかった。

ちなみに私は、トランプ氏が大統領になる前から取材をしています。集会にも行って、トランプ支持者たちにも会っています。トランプ大統領誕生の瞬間は、アメリカのタイムズスクエアから生中継もしました。そうやって時間をかけて、直接取材した上での発言だったのですが、テレビを見ている人は分からないし知らない背景だと思います。私の発言を攻撃だと受け取った人がいたのかもしれない。でも、言ったことは後悔していません。

「意味のない攻撃」とは何か？

――本の中に、「意味のない攻撃」という言葉が出てきました。そこには「bad」評価（低評価）も含まれますか？　増田さんが感じた誹謗中傷の中に、純粋な批判は本当に含まれていなかったのでしょうか？

はい、「bad」評価も含みます。「意味のない攻撃」とは、具体的には、どうしようもなく口汚い罵りの言葉のことです。私たちのチャンネルでは、編集スタッフがコメントを公開する前にすべて削除してくれたのですけどね。情報操作になるのではないかという議論もしましたが、人を傷つける「バカ」とか「死ね」などの言葉を、そのまま公開するのはいいことなのか。結論として、削除しようと決めたんです。

技術面の専門スタッフによれば、たくさんのアカウントを持っていて、「bad」を付けるために何度も来るような人が複数いた形跡があるとのことでした。それは建設的ではない、「意味のない攻撃」と言えるのではないかと思うのですが。

――ちゃんと動画を視聴した上で、低評価をしている人もいたのではないですか。

そうかもしれません。ただ、万単位の「bad」評価は正直しんどくてね。そうした精神的負担をなぜ受けなければならないのか。それはやはり攻撃と言えるのではないかな。YouTubeは自由な場です。だから、あくまで一定の規律を守った上で、私たちも自由に発言していいはずですよね。YouTubeは番組を選んで、自分からアクセスして見るものでしょう。嫌な人は見なくていいし、建設的な批判であれば、コメントしてくれればいいのにと思ったりもします。

今後、もっとフラットに評価しあえる、いい循環の仕組みが生まれるといいですね。

YouTube学園運営スタッフ——増田さんは冷静に話していらっしゃるけど、その時はとても冷静でいられる状況ではありませんでした。一分間にいくつも誹謗中傷が入ってきて、もうやってられないという感じだった。私たちはチームで対応したからまだよかったけれど、一人で万単位の非難を受けるというのは、やはりおかしいと思います。直接関係のない、新しく上げた動画にもどんどん誹謗中傷のコメントがなされて、評価以前に「YouTube学園」そのものが抹殺されていくようでした。いくつもアカウントを持っている同一人物の攻撃だとは思っても、まるで全否定されているように感じるんです。

現在、YouTubeにはAIが導入され、「死ね」と何十回も繰り返すような公序良俗に反したものは、ブロックされるようになっています。そういう解決へ、徐々に向ってはいるようですね。

自分の意見と、譲れない基準をもつこと

——増田さんは多くの誹謗中傷を受けても、なぜ自分の意見を主張し続けられるのでしょう。

私も強いわけではなくて、悩むし苦しむのよ（笑）。でも、自分の意見を主張するのは本当に大事なことです。世の中の意見とは違うからと、自分の意見を捨ててしまうと、余計に苦しくなる。それがわかっているから、主張し続けます。

その一方で、他者の気持ちを考えることも忘れないようにしています。他人に誹謗中傷を投げる人たちについても、どういう状況にあるのかを考えた上で、反論しようと努めました。

本もテレビもYouTubeも、私のことを知っている人ばかりが見るわけではないんですよね。直接会ってじっくり話せば、わかりあえる相手かもしれない。けれど、そうではない読者や視聴者が、たまたま出会った発言だけを判断することもあるでしょう。であれば、なおさら自分の中に指針をもたなければ、表現する者としての責任を果たせないと思っています。

みなさんは、一八歳から選挙権を手にしている世代ですね。でも、友だちが行かないから自分も投票に行かない、という人もいるのではないかと想像します。自分の中に納得のいく基準が設けられていないと、周囲の動きによってブレてしまう。そのブレが重なることで、世の中がとんでもない方向へ進んでしまうこともあるんです。声が大きい人についていくのは、その瞬間は楽だけど、後々大ごとになって返ってくることもある。だからこそ、絶対に譲れないという基準を自分の中に持って欲しいと思います。

※学生たちは、次回の授業で講義の振り返りを行なった。

第11講

★ますだ・ゆりや＝ジャーナリスト。高校で世界史・日本史・現代社会を教えながら、NHKラジオ・テレビのリポーターを務めた。テレビ朝日系列「大下容子　ワイド！スクランブル」でコメンテーターとして活躍。著書に『世界を救うmRNAワクチンの開発者カタリン・カリコ』『チョコレートで読み解く世界史』など。

読書案内

▼事前に学生が読んだ本

池上彰・増田ユリヤ『メディアをつくる！　YouTubeやって考えた炎上騒動とネット時代の伝え方』ポプラ社、二〇二一年

第12講◉

「自己決定権」を批判的に問いなおす

2024年1月18日　昭和女子大学

小松美彦
東京大学客員教授

はじめに――講義の基本精神

「自己決定権」を批判的にレクチャーする。それが今日課されたテーマです。「自己決定権」という言葉は、皆さんも日々の生活のなかでよく耳にするし、自分のことを自分で自由に決める権利があるのは当然だと思っているでしょう。つまり、今日の日本で自己決定権はもはや自明なこととして定着したといえる考え方です。しかし、本当にそれでよいのでしょうか。自己決定権に関して、通常とは別の面に光を当ててみると、違う角度から切り込んでみると、さまざまなことが見えてくるのではないか。そこには一筋縄ではいかない問題が潜んでいる。そんな話をしていきたいと思います。

講義全体は、二〇世紀の後半に活躍したフランスの哲学者ミシェル・フーコーの格言を、講義の基本精神として読み上げたうえで、その精神に基づいて自己決定権を次の三つの角度から考えていきます。

①歴史的に問いなおす。②現実的な問題として問いなおす。③原理的に問いなおす。この三つです。

それでは早速、フーコーの格言を読み上げましょう。「思考することはやはり重要なのか」（『**ミシェル・フーコー思考集成Ⅷ**』筑摩書房、収録）というインタビューのなかで語られたものです。

批判とは、物事の現状が良くないと〔単に〕述べることではありません。そうではなく、私たちが正しいものとして受け入れている〔日々の道徳的・社会的な〕実践行為が、いかなる種類の自明性や慣習性に基づいているのか、そして身に着けたまま省みることのないいかなる思考様式に基づいているのか、それを見極めることこそが批判にほかなりません。（原文から小松改訳）

本日の講義の題名は「「自己決定権」を批判的に問いなおす」ですが、この「批判的に」の意味は、まさに今読み上げたフーコーが語っていることです。私たちが当たり前のように考えていることの前提を問い返してみる。あまりにも自明なために、つまり通常は私たちの焦点距離よりも内側にあるために見えなくなっているけれど、それが何かを見極めてみる。これがフーコーのいう「批判」の意味でしょう。この観点から、歴史的に、現実的に、そして原理的に、自己決定権を考えていきたいと思います。

歴史的に問いなおす——ナチスを例に

優生政策とナチス

まず歴史的に問いなおしてみましょう。二〇世紀ドイツのファシズム政党、「ナチス」を具体例に話していきます。

ドイツ・ヴァイマール共和国では、一九三三年一月三〇日、ナチス総統のアドルフ・ヒトラーが合法的に首相に就きました。そのヒトラーが力を注いだことの一つに、「優生政策」があります。優れたとされる人間を増やし、劣ったとされる人間を淘汰していこうという政策です。一九世紀後半にイギリスの科学者フランシス・ゴルトンが優生学という学問を提唱し、二〇世紀前半にアメリカがそれを政策に導入しました。そしてその動向は北欧の国々をはじめとして世界に伝わり、日本政府も戦中の昭和一〇年代から取り入れています。このような優生政策は終戦とともに消滅したわけではなく、日本では「優生保護法」という法律として、何と一九九六年まで残っていました。概ね以上のごとき歴史のなかで、最も過激なところまで行き着いたのが、ヒトラー率いるナチス・ドイツでした。

では、ナチスは具体的に何をやったのでしょうか。全体としては、優れたとされる人間を増産することは技術的に不可能ですから、劣ったとされる人々を淘汰するために、その子どもをもうけられないようにしました。

まず、政権に就いてから半年後の一九三三年七月、「遺伝病子孫防止法」（断種法）を制定し、不妊手術を合法化します。知的障害者や精神障害者、遺伝性の病気をもったと思われる人を〈劣等者〉として、女性なら輸卵管を、男性なら輸精管を縛ったり切ったりして、生殖不能にする。つまり、彼ら／彼女らの種《しゅ》を断つ。こうしてナチス・ドイツは一九四五年五月の全面降伏までに、約四〇万件の不妊手術を行いました。しかも手術の失敗で、約四五〇〇人の女性と約五〇〇人の男性が亡くなったとされています。

ついで一九三五年六月、ナチスは「改定遺伝病子孫防止法」（中絶法）を制定します。それまで中絶は法律で禁じられていましたが、精神障害者や知的障害者、遺伝性の病気をもっていると思しき人々に対しては、例外的に認めました。さらに同年一〇月、「ドイツ民族遺伝健康保護法」（結婚統制法）を制定し、かかる人々の結婚を禁じました。

そして極めつけが安楽死です。一九三九年八月、ドイツ法務省刑法局で「安楽死法案」が密かに作られました。〝劣等者〟をすべて安楽死させ、その子孫の誕生を完全に断つという方策です。ただし同年九月一日、ナチスがポーランドに侵攻して第二次大戦に突入したため、安楽死法案は制定されるには至りませんでした。そこで安楽死はヒトラーの統帥権によって行われ、三〇万人以上の精神障害者、知的障害者、遺伝病とされた人々が殺害されました。

ドイツ刑法局による「安楽死法案」について

このようなナチスの優生政策にあって、特に重要なことは何か。一つは、優生政策をすべて合法的に行おうとしたことです。また一つは、それらの法律では、今日の言葉で「自己決定権」に相当するものが謳われていたことです。「安楽死法案」の第一条と第二条を確認してみましょう。

第一条：不治の病にあり、本人自身または他人に対して著しい負担を負わせている者、あるいは死に至ることが確実な病にある者は、本人の明確な要請に基づき、かつ特別な権限を与えられた医師の許諾を得たうえで、さらなる無益な苦しみから免れるように、医師による安楽死〔Sterbehilfde〕を享受することができる。

この第一条で注目すべきは、まず、「さらなる無益な苦しみから免れるように」の箇所です。患者の死が避けがたく、原因の疾患も治らないにもかかわらず苦しんでいるのなら、殺してあげたほうが幸せだろう。そうした慈悲の精神のもとに、安楽死が掲げられたということです。そしてまた、「本人の明確な要請に基づき」と謳われていることです。まさしく「自己決定権」をベースにして安楽死が成り立っていたのです。

ただし、安楽死が自己決定権に基づいているのだとすると、自己決定能力がなければ、安楽死したいかどうかは判断できません。実際、世の中には自己決定能力がないとされる人々がいます。精神障害者、重い知的障害者です。そこで、そういう人々のために設けられたのが、第二条です。「不治の精神病のために生涯にわたる看護が必要とされ、かつ生きつづける能力をもたない者の生命は、医師の措置によって、本人に苦痛のない仕方で、自然死に先立って終わらせることができる」（この当時、知的障害は精神障害のなかに含まれていました）。

すなわち、死の自己決定権を遂行する能力のない人については、医師がその権利を代行できるということです。たしかに安楽死法案は、前述のように、法律には至りませんでした。しかし、この第二条の精神に基づいて、三〇万人以上の知的障害者、精神障害者、遺伝性の病気をもっているとされる人々が、いわば自己決定権の代理執行によって安楽死させられました。それが歴史的な事実なのです。

当時、精神病院などでは安楽死が秘密裏に行われていることは、少なからぬ人々が薄々気づいていました。しかし、ナチスが怖くて何も言えない。そうした状況下の一九四一年八月三日、ミュンスター司教のクレメンス・アウグスト・グラーフ・フォン・ガルテンが、説教のなかで公然と批判します。そして、この説教はカソリックを中心として、ドイツに広く伝播していきました。そこで八月二四日、ヒトラーは安楽死計画の中止命令を口頭で出したのでした。

プロパガンダ映画《私は告発する》

しかしながら、その次になされたことが重要です。安楽死中止命令のわずか五日後の八月二九日、ナチスは《私は告発する》という安楽死のプロパガンダ映画の上映を開始し、精力的なキャンペーンを展開したのです。映画の概要を確認してみましょう。

主人公は、医学者のトーマス・ハイトと、妻のハンナ・ハイト。ある日、ハンナが多発性硬化症であることがわかります。当時の医学では治療不可能で、肉体のみならず精神も冒されていく進行性の神経難病です。ハンナは症状が増していくなかで、トーマスに心中を打ち明けます。「私の病状がもっと進んだら、あなたの愛してくれた私で永遠にいられるように、私を救って。何も聞こえず、何も見えず、〝白痴〟になってしまう前に。[中略]。本当に私を愛してくれているのなら、そうなってしまう前に、私を解き放って」。安楽死の懇願にほかなりません。

そこで、医学者のトーマスは治療薬の開発に挑みますが、失敗に終わります。そして極限的な葛藤の末、ハンナに大量の麻酔薬モルヒネを飲ませ、彼女はトーマスの腕の中で愛の言葉を交わしながら静かに息を引き取ります。その後、トーマスは殺人罪で裁判にかけられます。彼は公判の冒頭で「私は妻を愛している」とつぶやいたきり、うなだれて押し黙っていますが、映画の最後、にわかに立ち上がり、ドイツ国民を眠りから覚ます声を高らかに発します。

「私は不治の病にあった妻を彼女の願いによって、その苦しみから解き放ったのです。私の今の人生は彼女の決定に捧げられています。そして、その決定は、妻と同じ運命に遭うかもしれないすべての人にも当てはまるのです。皆さん、判決をお願いします」。

このようにハンナの「自己決定」が掲げられて映画は幕を閉じます。最後の「皆さん、判決をお願いします」の「皆さん」とは、作中の裁判官や検事、傍聴席の人々だけではないでしょう。映画館の観客すべてに向かって訴えかけているのです。トーマスは、自分を断罪せんとする法廷、その基盤になる刑法自体を観客の前で告発したのです。

《私は告発する》は、いわば「自己決定権」に基づく安楽死への共感を誘う映画でした。観客数は一八〇〇万人に上り、当時のドイツ国民の四人に一人が観たことになります。かくして自己決定権に基づく安楽死を是とする土壌が醸成され、三〇万人以上の知的障害者や精神障害者など、自己決定能力がないとされた人々が安楽死させられたのです。以上が自己決定権をめぐるナチスの実態にほかなりません。決して忘れてはならない歴史的事実です。

現実問題として問いなおす

安楽死の最先進国オランダの実状

二番目の話に移ります。自己決定権と安楽死を、現実的な問題として問いなおしていきましょう。

現在、安楽死が最も進んだ国はオランダです。オランダで安楽死が認められるようになったきっかけは、一九七一年の「ポストマ事件」です。女医のホルトルイダ・ポストマ（四五歳）が、脳疾患で半身不随になった七八歳の母親を介護していたのですが、母親の希望によって積極的安楽死を実行しました。積極的安楽死とは、延命治療の不開始や中止によって死を遂げさせる消極的安楽死に対して、致死薬を投与して安楽死させることです。ポストマ医師は嘱託殺人罪で起訴されますが、判決は執行猶予一年つきの一週間の禁固刑で、無罪判決に近いものでした。

この事件から、オランダでは刑法の嘱託殺人罪と自殺幇助罪を残したまま、主に次の六条件を満たせば安楽死が容認されるようになっていきます。

①自己決定権（本人の明確な安楽死の意思が確認できる）、②耐えがたい苦痛がある、③苦痛をもたらす病気自体が不治、④耐えがたい苦痛を取り除く方法が死以外にない、⑤以上に関して同じ判断を複数の医師がしている、⑥安楽死が慎重な方法で行われる。

オランダで安楽死を容認する法律が制定されたのは二〇〇一年ですが、それ以前からこの六条件がクリアされれば安楽死が慣例的に認められるようになっていったのです。

そんな時代のオランダを報じたテレビ番組の一部を紹介します。一九九五年に放映されたNHKスペシャル《安楽死・そのとき人々は……〜オランダからの報告〜》です。その概要は以下です。

カール・コーレマンスさんという七四歳の男性が、末期がんに冒されていることが判明しました。激しい腹痛が続き、手術を受けます。しかし、がんは広く転移しており、余命は早ければ三ヵ月との宣告。抗がん剤を使えば延命可能なことを医師は説明しますが、コーレマンスさんは、延命のために辛い治療を続けるつもりはありませんでした。そして、耐えがたい痛みが襲ってきた場合には、安楽死で命を断つ決心をします。夫人も、本人の意思によるその決定を尊重します。

ただし、夫人は次のような心情も吐露しています。「毎年この季節になると、夫の毛糸のシャツやセーターを洗濯してきれいにたたんでおくんですが、今年は辛くてどうしてもできませんでした。

第12講

いつものように洗濯しようと思うんですが、もう二度と夫が袖を通すことはないと思うと、とてもそんな気にはなれないんです」。表面的には明るく振る舞おうとしながらも、心の奥では、夫の死に対して何ともいえない思いを抱いているわけです。

オランダではホームドクター制度があり、安楽死を執行するのは主にホームドクターです。コーレマンスさんの場合も、ホームドクターのアントン・デ・ホフ先生に安楽死の意思を告げ、先生はコーレマンスさんを励ましながらも、再び耐えがたい痛みが襲ったら安楽死を実行しようと考えていました。

NHKのクルーが以上のような取材をしてから一〇ヵ月後、そのクルーはオランダに再取材に行きます。余命三ヵ月と宣告されていたコーレマンスさんは、どうなっていたのでしょうか。

余命三ヵ月を宣告されたコーレマンスさんのその後

はたして、コーレマンスさんは〝元気に〟生きており、安楽死の意思を翻していました。彼は次のように語ります。

「あと三ヵ月の命と言われたのに、わしはまだ生きている。もう一年近くもなんですよ。夜中に痛みで目が覚めると、まだ生きているんだなと感じるんだ」。コーレマンスさんの心の中に、生きたいという強い願望が生まれ、「もう安楽死はしたくない」とまで言うようになっていました。なぜか。一つには、「余命三ヵ月」と告知されていた、その期限を超えて生きたこと。そこでコーレマンスさんに、まだ生きられる自信が湧いてきたのです。

そしてそれ以上に重要なことは、コーレマンスさん七五歳の誕生日の出来事でした。彼の言葉をそのまま引用しましょう。「わしが酒のおかわりを繰り返していたら、孫に「おじいちゃんまだ呑むの?」と言われたんだ。そして孫はグラスに酒をついでいる時、入れすぎたなと思って、酒を流しに捨てたんだ。その場面を見た時には、本当に信じられなかったよ。わしの体を気遣って、そうしたんだ。その時、本当に自分が悪かったなと思ったんだ」。

主治医のデ・ホフ先生の言葉も紹介しておきましょう。「安楽死は、患者にとっては一種の保険のようなものでもあるのです。私のこれまでの経験でも安楽死を約束すると、患者の八〇%は自然に亡くなっていくのです。それは安楽死を約束されると、その安心感から逆に患者の心に前向きに生きる意欲が生まれてくるからです」。

二人の言葉を受けて、番組は次のように締め括ります。「コーレマンスさんは末期がんであることを知らされてから二度目の冬を迎えることができました。この一年、コーレマンスさんの最後の望みは安楽死から自然死へと大きく変化しました。そこには共に苦しみを分かち合う周囲の人々の心の支えがありました。人間らしい終末とは何か。オランダはその答えを個人の自由な選択に委ね、世界で唯一安楽死を認めてきました〔一九九五年当時〕。しかし、その周辺には多くの不安と戸惑いがありました。命を断つという選択に直面した時、人は安楽死そのものから新たな苦悩を強いられるという現実があったのです」。

番組を掘り下げる――相反する理性と気持ち

この番組から考えるべきことはいくつもあります。

まず、余命三ヵ月と告げられたコーレマンスさんは、その宣告を大きく超えて一年半後に自然死を遂げたことです。もし余命宣告からほどなく安楽死の自己決定権を行使していたら、その後の一年何ヵ月かの人生、つまり安楽死の意思を翻してその後に続いた人生は存在しませんでした。考えてみれば、「余命何ヵ月」というのはあくまでも予想にすぎません。しかし、医師が余命宣告すると、その重みのために確定的なことのように思われてしまいます。自己決定権の前提をなす問題として、この点を省みる必要があります。

あるいはまた、「痛み」はひたすら悪いことだと思われがちですが、そうではない側面もあることに気づかされます。コーレマンスさんが「夜中に痛みで目が覚めると、まだ生きているんだなと感じるんだ」と語っていたように、痛みは、自分が生きていることを実感させる生の証しでもあるのです。

さらにはまた、「安楽死を約束すると、患者の八〇％は自然に亡くなっていく」という謎です。ただし、このことは、私が最も重要だと思う点を論じた後に、それと関連させて振り返ってみたいと思います。

さて、私が最も重要だと思うのは、コーレマンスさんの安楽死に抗ったのが、九歳の孫娘だということです。すなわち、大人ではなく、子どもだということです。先ほど紹介したように、コーレマンスさんのお連れ合いは、〝あの人の死はあの人のものだから、自分で決めて当然だ〟と、コーレマンスさんの安楽死の意思を尊重していました。番組には映っていませんが、四〇歳代の二人の娘さんも同様です。

ただし、お連れ合いは夫の意思を尊重しつつも、胸の内を語っていました。夫が二度と袖を通すことがないと思うと、毛糸のシャツやセーターをきちんとたたんでしまう気になれない、と。つまり、彼女は理性的には夫の安楽死を認めていても、感情の面では重苦しい気持ちにさいなまれていました。それに対して「おじいちゃん、死んじゃヤダ」と自分の気持ちをストレートに表すことをできたのは、孫娘だけでした。番組の製作スタッフから聞いたところでは――私は別のNHK番組に出演して、コーレマンスさんのケースについてデ・ホフ先生とインターネットで議論した際に聞きました――、お孫さんは酒を流しに捨てただけではなく、泣いてボトルごと窓の外へ投げ捨ててしまったそうです。この直接的な行為がなぜ子どもにはできて、大人にはできなかったのでしょうか。

それは、九歳の子どもがまだ「自己決定権」という考え方を身につけていなかったからでしょう。お連れ合いや娘さんは、自己決定権の考え方が深く染み込んでいるため、それが歯止めになって、心の内をストレートに表せないのです。つまりは、人を自由にするはずの自己決定権が、逆に人を不自由にしているのではないでしょうか。自己決定権からフリーでいるほうが、逆説的にも自由に生きることができているのではないでしょうか。

「安楽死を約束すると、患者の八〇％は自然に亡くなっていく」という謎も、以上のことに関係していると思います。まず確認すると、この謎が意味するのは、もちろん、安楽死を約束すると患者の八〇％が突然死するということではありません。そうではなく、八〇％の人々が安楽死の意思を撤回するということです。では、なぜそうするのでしょうか。それは、安楽死を約束してもらうと、自分が安楽死を決意するくらい苦しんでいたことを、医師や周囲の人々に分かってもらったと心が休まり、そして姿勢が前向きになるからでしょう。しかも、そうだとすると、安楽死の意思を訴える八〇％の人々の真意は、安楽死によって死にたいのではなかったことになるでしょう。

ちなみに、先ほど言及した別の番組の撮影では、私はいま述べた自己決定権の問題をデ・ホフ先生に問いかけましたが、自己決定権を自明のこととしてきた先生は、この問いに答えられませんでした。そのため、私のこの根本批判は番組に収録されませんでした。

オランダの日常と日本の現実

先ほど、オランダにおける安楽死の六条件について説明しました。きっかけとなったポストマ事件の判決が一九七三年。それから長らく、六条件の一つの「耐えがたい苦痛」は肉体的な苦痛だけでしたが、九〇年代になると精神的な苦痛へと拡張します。そして二〇〇一年に「安楽死法」が制定されます。さらに二〇〇六年から、認知症の人の自己決定権による安楽死も認められるようになりました。

このように安楽死の対象が拡大していくなかで、二〇一六年に衝撃的なケースが起こりました。認知症の七四歳の女性のケースです。彼女はその四年前に認知症と診断された際、〝認知症の高齢者施設に入るなら、安楽死を望む〟という旨の文書（事前指示書）を作成していました。そして実際に施設に入所してから約一ヵ月半後、施設の医師は彼女の安楽死を執行しました。まず密かに鎮静剤を混ぜたコーヒーを飲ませ、さらに鎮静剤と中枢神経抑制剤（致死薬）の注射を始めたところ、女性が目を覚まして抵抗しました。そこで医師は彼女をその家族に押さえつけさせ、中枢神経抑制剤（致死薬）と筋弛緩剤（致死薬）を注射しきり、安楽死を完遂したのです。これはオランダではじめて医師が起訴された安楽死のケースになりましたが、二〇二〇年に最高裁で無罪が確定しました。医師の行為は善意からのものであり、そもそも「事前指示書」という自己決定があったからです。

また、オランダでは二〇一六年末、七五歳以上であれば、病気であろうがなかろうが、本人の意思で安楽死できる法案が国会に提出されました。これは可決には至りませんでしたが、その後も同種の法案が提出されています。さらに二〇一八年、知的障害者や発達障害者に対して、自己決定なき安楽死が可能になりました。もはやナチスと大差がない状態になっているように思われます。以上が肉体的苦痛の自己決定権を端緒としたオランダの現在にほかなりません。

日本でも似たような状況が進んでいます。重要な事態を二つ紹介しておきます。

一つは、二〇一八年に起こった「公立福生病院事件」と呼ばれるものです。腎臓不全のため人工透析を受けていた四〇歳代の女性がいました。透析を行うには、透析針を入れるシャントという血

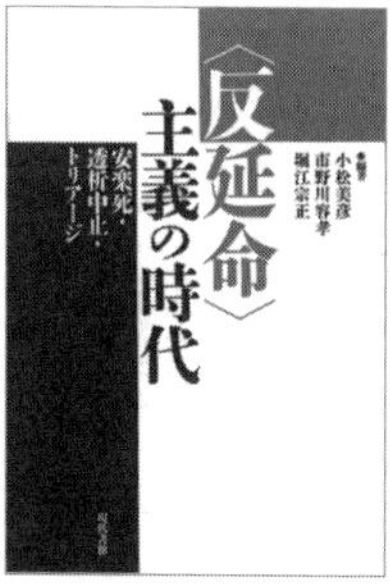

管の分路を造設するのですが、それが詰まって透析できなくなったため、女性は東京都福生市の公立福生病院に行きました。しかし、現状のシャントの改善が不可能とされ、彼女は医師と相談して、透析自体の中止を自己決定しました。腎不全の患者が透析をやめれば、毒素が体内に蓄積されて苦痛に見舞われ、最終的には死に至ります。

実際、彼女も全身の苦痛ゆえに透析中止から五日後に同病院に入院し、その翌晩は苦しさのあまり透析再開を夜通し訴えつづけました。ところが医師は、「意識が清明であった時の意思を尊重する」として透析を再開せず、鎮静剤を大量に投与しました。そしてその数時間後に彼女は亡くなりました。一個のケースではありますが、日本の自己決定の現実です。

もう一つは、ＮＨＫで放映された《彼女は安楽死を選んだ》（二〇一九年）というドキュメンタリー番組です。神経性難病の日本人女性（五二歳）がスイスに渡り、「医師による幇助自殺」を遂げる瞬間までもが映し出されたものです。これも自己決定がベースになっています。時間の関係上、詳しく話せないため、興味のある方は、**『〈反延命〉主義の時代――安楽死・透析中止・トリアージ』**（現代書館）に収録の私の批判的論文をご覧ください。

原理的に問いなおす

川島康生氏の提起と違和感

最後に、自己決定権を原理的に問いなおしてみます。

「自己決定権によって安楽死したい人はすればよいし、したくない人はしなければよい」。私たちはこう思いがちです。そのような自己決定権の考え方がアメリカから日本に導入されたのは、脳死・臓器移植の論争をめぐっているのですが、それを顧みながら自己決定権の原理的問題を検討していきましょう。

日本では一九六八年に札幌医科大学で行われた心臓移植以来、心臓移植などの脳死・臓器移植はタブー視される傾向にありました。しかし八〇年代になると、日本移植学会などの推進派はこの状況を打開すべく、さまざまな方策を講じます。

その一つにアンケート調査がありました。マスコミや政府省庁によるアンケート調査で脳死・臓器移植に賛成が多ければ、社会的に認められたことになり、それを移植解禁のゴーサインにしようと考えたのです。ところが何度アンケート調査しても、臓器移植に関する賛成は七～八割になるものの、脳死を人の死とすることの賛成が五割を超えたことはありませんでした。そこで出てきたのが、アメリカの生命倫理由来の「自己決定権」の考え方なのです。たとえば、心臓移植医で国立循環器センター長であった川島康生氏が次のように提起しました。

第12講

「あなたは臓器移植に賛成か、反対か、脳死を認めるか、認めないか」というコンセンサスについてのアンケートはたくさんありますが、「あなたは、脳死をもって死と考える人がいて、その人が臓器を提供するといい、一方に臓器をいただきたいという患者さんがいるという場合に、そういった人たちの間で臓器移植が行われることを、あなたは差し止めようと思いますか」という質問が本当の質問ではないかと思うわけです。／つまりわれわれは、他の人たちが臓器移植するということを、国民の総意という名のもとに妨げ、その人たちの権利を差し止めるだけの権利があるのかどうか、ということについて合意を得るのが本当のコンセンサスではないかと思います。

（『第八九回日本医学会シンポジウム記録集　臓器移植』一九九〇年）

つまり、当事者同士の自己決定に第三者が介入できるのかという突きつけです。これは非常に説得的で、誰も反論できませんでした。私もこの論法はどこか変だと感じながらも、どこが変なのかが分かりませんでした。

「自分のいのち」とは何か

そこで私は考え続けました。そして一年近くが経った頃、木村利人先生の**『いのちを考える　バイオエシックスのすすめ』**（日本評論社）という本を読んでいると、次の文章に出会いました。

自分のいのちを護り育てるために、自分のいのちにとって最も重要な診断結果を知ることは何よりも大事なことなのです。その情報があるからこそ、自分のいのちにかかわりのある最も大事な選択を、自分で行うことが可能になるのです。

これはまさに自己決定権の重要さを強調した箇所ですが、この文章を目にしたとたん、雷に打たれたかのように自己決定権の秘密がわかりました。順序立てて説明します。

まず、この文章には特徴があります。それは、たった三行の文中に「自分のいのち」という言葉が三回も出てくることです。そこで省みると、私たちは「いのち」、「生命」、「人生」、「死」などの言葉を使う際、「誰某の」という所有格の修飾語をつけがちです。「自分のいのちは自分で守れ」、「自分の人生は自分で切り開け」、「他人の生命をないがしろにするな」、そして「自分の死は自分で決める」といった具合に。このような「誰某の死・生」という言い方はいったい何を意味しているのでしょうか。ここでは「私の死」という言い方に限定して考えてみます。

私たちが日常生活で何気なく使っている「私の死」という言葉には、思うに二つの意味が溶け込んでいます。一つは、同語反復のように感じられるかもしれませんが、「私の死は私のものである」ということです。また一つは、「私の死は私の身体に内属する」ということです。私の死は、私の身体の中で芽生えて、膨らんでいく。私の死が他者の身体や机の引き出しの中で生じると思う人はいないでしょう。誰しもが、自分の死は自分の身体の中で起こると思っているはずです。

第12講

しかも、これら二つの意味は並列の関係にはありません。後者が基盤になって、前者を支えています。つまり、「私の死は私の身体内で生じる。だから、私の死は私のものである」。こうした論理関係をなしています。すると、あとはすんなりと自己決定権につながります。すなわち、「私の死は私の身体内で生じる。だから、私の死は私のものである。したがって、私のものである私の死を私は自由に決める権利があり、他人からとやかく言われる筋合いにない」。死の自己決定権とはこのような暗黙の論理で成り立っているのです。一言でいえば、死の自己決定権は、私の死は私のものであるという死の把握の仕方が大前提になって成立しているのです。以上が自己決定権の秘密にほかなりません。

「私の死」は「私のもの」か?

「私の死は私のものである」。皆さんの多くは、当たり前だと思うことでしょう。しかし、それとはまったく異なる死の把握の仕方が存在します。西洋中世の文学や説話に描かれた死の迎え方をもとに、確認してみましょう。

中世のヨーロッパで、ある人が大病や大怪我をして、今度ばかりは助からないと直感したとします。すると、その人は近親知己を呼び寄せ、語りあい、懺悔しあい、共に祈ります。そして息を引き取ると、葬儀の祈りなどの祈りが幾重にもなされ、埋葬される。やがて死者は朽ちていき、朽ち果てた遥か向こう側に本当の死がある。当時の人々はそのように死を考えていました。ここでは、死にゆく者と看取る者、死んだ者と残された者、これら両者が一つの死を共に生きる過程の総体が死になっています。そして、その把握が両者に分かちあわれていました。

中世の西洋社会にかぎらず、人間は太古の昔から、このような死を生きてきたわけです。私はそうした死のことを「共鳴する死」と名づけています。それに対して「私の死は私のものである」というように、死を個人的な現象とする捉え方を、「個人閉塞した死」と呼んでいます。

では、太古から「共鳴する死」を生きてきた人間の歴史にあって、「個人閉塞した死」はいつ頃に登場したのでしょうか。私の見方では、前面登場は一八世紀中葉、その契機は「早すぎた埋葬」です。早すぎた埋葬とは、窒息や脳震盪などで仮死状態に陥った者が、本当に死んだと誤って埋葬され、墓穴で息を吹き返して生還することを指します。けっしてオカルト話ではなく、J・B・ウィンズローというデンマークの医師が**『医学の不確実性』**(一七四二)で論じて以来、同種の医学書が次々と著され、「早すぎた埋葬」は啓蒙時代から北西ヨーロッパと北米で大問題になります。

そこで医学は、早すぎた埋葬を阻止するために、歴史上はじめて死の本格的な研究に向かいました。特に力を入れたのは、死の判定法の検討です。たとえば、熱湯を垂らして水ぶくれができたら生きている、できなければ死んでいる。アンモニアを皮下注射して赤く発疹が現れたら生きている、現れなければ死んでいる、陰部にヒルをたからせて血を吸ったら生きている、吸わなかったら死んでいる。こうした死の判定法が盛んに研究されました。

では、そのような動向が「個人閉塞した死」の登場といかに関係しているのでしょうか。そこで思考実験をしてみましょう。今、皆さんがタイムマシンに乗って、一八世紀の西洋に時間旅行をしたとします。すると、そこに人が倒れている。息をしている気配はないが、死んでいるかどうかわからない。そこで、今述べたような判定法を次々と試してみる。そうすると、息をしていないこと、水ぶくれができないこと、赤い発疹が現れないこと等々の現象は、観察している皆さんと、観察されている行き倒れの人との関係のもとに成立しているにもかかわらず、観察に没入すればするほど、観察している自分の存在が忘れられ、それらの現象は行き倒れの人が放つ客観的なもののように思ってしまいます。そしてそこでは、死が、水膨れや発疹ができないという生理的問題に収斂してしまっています。

これが「個人閉塞した死」の登場にほかなりません。いわば「死の科学化」です。西洋近代科学の特質は、観察・観測する対象を客観視し、観察・観測する者の存在を考慮に入れないことですが、死に関しても同様の事態が起こったのです。早すぎた埋葬を契機に一八世紀の西欧で前面登場した「個人閉塞した死」は、当初は違和感を持たれたでしょうが、徐々に慣れ、三百年近く経った現在では当たり前のようになっているのです。

「死の自己決定権」は成り立たない

さて、以上のうえで、「死の自己決定権」に対する原理的批判です。

いま私は腕時計を左腕にはめています。それを外して右腕につけ替えても、鞄の中にしまっても、極端な話、窓の外に投げ捨てても、私の自由です。しかし、皆さんが私の時計を投げ捨てたら、私はさすがに怒るでしょう。では、なぜ私は私の時計を自由に扱えるのに、皆さんは自由にできないのでしょうか。それは、この時計の所有権が私に確定しているからです。それが近代市民社会の約束事なのです。

これと同様に、〝私の死〟なるものの所有権が私に確定しているのなら、つまり死が個人に閉塞しているのなら、私には〝私の死〟を自由に決定する権利があるのかもしれません。しかしながら、死は、これまで述べてきたように、「死にゆく者と看取る者」、「死んだ者と残された者」、両者の関係性のもとに成立し、両者の間で分かちあわれる事柄にほかなりません。したがって、そもそも、死を私有物のごとく個人の権利として決定することはできません。かくして、「死の自己決定権」は原理的に成り立ちえないのです。

ただし、原理的にはそうであっても、私たちは死を実際に自己決定することはできます。安楽死しかり、自殺しかりです。しかし、ここでコーレマンスさんの話を思い出してください。わずか九歳にしてコーレマンスさんと死を分かちあったお孫さんは、番組放映から三〇年近くが経った今もなお、その死と共に生きていることでしょう。そのような「共鳴する死」にあって、原理的には成り立たないはずの「死の自己決定権」をコーレマンスさんが無理に行使していたら、いったい彼女のその後はどうなっていたのでしょうか。どうぞ想像してみてください。

私の講義はこれで終わりです。最後に講義の冒頭に戻り、フーコーの格言を再確認してみましょう。

批判とは、物事の現状が良くないと単に述べることではありません。そうではなく、私たちが正しいものとして受け入れている日々の道徳的、社会的な実践行為が、いかなる種類の自明性や慣習性に基づいているのか、そして身に着けたまま省みることのないいかなる思考様式に基づいているのか、それを見極めることこそが批判にほかなりません。

本日は、このフーコーの精神を、「自己決定権」に関して三つの視座から実践してみました。最後の原理的な話は難しかったかもしれません。今すぐわからなくとも結構ですので、考えつづけていただきたいと思います。

★こまつ・よしひこ＝東京大学大学院総合文化研究科客員教授、科学史科学論・生命倫理学。著書に『生権力の歴史――脳死・尊厳死・人間の尊厳をめぐって』『増補決定版「自己決定権」という罠――ナチスから新型コロナ感染症まで』、共編著に『〈反延命〉主義の時代――安楽死・透析中止・トリアージ』など。一九五五年生まれ。

読書案内

▼講義のベースにした本

NHK人体プロジェクト編著『安楽死――生と死を見つめる』日本放送出版協会、一九九六年

小松美彦『死は共鳴する――脳死・臓器移植の深みへ』勁草書房、一九九六年

――――『増補決定版「自己決定権」という罠――ナチスから新型コロナ感染症まで』現代書館、二〇二〇年

小松美彦・市野川容孝・堀江宗正編『〈反延命〉主義の時代――安楽死・透析中止・トリアージ』現代書館、二〇二一年

▼安楽死をめぐる西洋の現在

松田純『安楽死・尊厳死の現在――最終段階の医療と自己決定』中央公論新社、二〇一八年

盛永審一郎著、ベイツ裕子編集協力『認知症患者安楽死裁判――事前意思表示か「いま」の意思か』丸善出版、二〇二〇年

児玉真美『安楽死が合法の国で起こっていること』筑摩書房、二〇二三年

▼歴史的・哲学的にさらに考える

アドルフ・ヒトラー『わが闘争　上・下』平野一郎・将積茂訳、KADOKAWA、一九七三年

廣松渉『科学の危機と認識論』紀伊國屋書店、一九七七年

カール・ビンディング／アルフレート・ホッヘ「生きるに値しない命を終わらせる行為の解禁」(森下直貴・佐野誠訳・編著『「生きるに値しない命」とは誰のことか』中央公論新社、二〇二〇年所収)

第12講

第13講◉

フィロゾファーが再びやってくる！

2023年11月21日　昭和女子大学

小林康夫
東京大学名誉教授

ソ・ソ・ソクラテスかプラトンか……

小林　二年続けて授業に乱入せよ、とお声がけいただきました（笑）。去年は「フィロゾファーが、突然、空から降りてくる！」という不思議なタイトルの講義になりましたが、今回はまずは、去年に続いて二度もわたしを呼んでくださった井原奉明先生と、哲学対話をしてみたい。

二つ目は、去年の講義とちょうど同じ時期に、『**存在とは何か**』（PHP研究所）という本の初稿を書き上げ、二〇二三年六月に刊行しました。この本に込めた思いを、語りたいと思っています。

去年の講義でもたくさん質問を受けました。後でまとめて質問を受けますから、考えながら聞いてください。哲学は、知識として学んだだけでは意味がない。自分の内側に問いが湧き上がってこないと、生きた哲学にはならない。だからどんなことでもいいから、後で質問してください。

それでは井原先生に、ご自身の哲学の原体験について語っていただきましょう。

井原　子どもの頃に野坂昭如という小説家が、テレビCMに出ていました。当時かなり有名になったフレーズなのですが、「ソ・ソ・ソクラテスかプラトンか／ニ・ニ・ニーチェかサルトルか／みんな悩んで大きくなった」というCMソングを歌っていた。それを聞いて、ここに出てくる人たちが誰なのかを父親に尋ねたところ、僕の父はサイエンティストなのですが、全員哲学者だよと言ったんですね。哲学者というのがどういう人たちなのかはわからなかったけれど、この時に四人の名前がインプットされました。

そして高校一年の時、そのうちの一人、サルトルが亡くなりました。一九八〇年四月のことです。まだ生きていたんだ、というのが、最初の驚きでした。それから、生きていたことすら知らなかったのに、死んだという驚きがあった。当たり前のことですが、どんな有名人でも命はふっとなくなるのだなと。新聞には、パリのモンパルナス付近の墓地に運ばれていくサルトルの遺体を、人々が沿道に出て見送っている写真が載っていた。哲学者とはこれほど影響力があるのかと、思いました。

みなさんも高校の倫理社会などで、哲学や思想を学んだと思います。僕が習った先生は、唯物論、弁証法というマルクス主義哲学を専門にしている人でした。その先生に哲学に興味があると伝えると、勉強会

に誘われた。それが、三浦つとむという哲学者の本を読む勉強会でした。

ところが、これが本当に難しい本で。書いてある言葉を理解するのも難しかった。さらに読書会は、一日何ページかしか進まずに、議論になってしまうんです。自分が思っていたのとは違うと感じて、興味はあったにもかかわらず、大学では哲学科を選びませんでした。

哲学の問題は解決された?——『論理哲学論考』

井原　直接のきっかけとなるのは、予備校のアルバイトの先輩に、哲学科の大学院生がいたことです。その人はウィトゲンシュタインを研究していて、彼の師匠は中央大学で教鞭をとられていた木田元さんだった。

哲学書には分厚いイメージがあったのですが、ウィトゲンシュタインの本は随分薄っぺらいな、というのが第一印象でした。開くと左側にドイツ語が、右側に英語が書いてあります。そして、番号が振られている。1とか1.1とか1.2とか。一行から二〜三行で終わるようなごく短い、けれどきれいな文章で、文意も容易に取ることができる。高校の時に哲学書を読んだ経験とは、全然違いました。

ただ、この一行に対して研究論文が何百、何千と出ているらしい。これが『**論理哲学論考**』(岩波書店)という本です。ものすごいことが書かれているに違いないと勉強会に参加するようになり、それが哲学にはまったきっかけです。本当にズブズブにはまりました。

『論理哲学論考』の序文には、こう書かれています。

「(哲学の)問題はその本質において最終的に解決された」。

解決されたって? 解決されたのに、世の哲学者たちは何をしているんだろう。そんな疑問を持ちつつ、とりあえずこの本をしっかり読めるようになりたいと思った私は、大学院では言語学のゼミに所属しながら、『論理哲学論考』の解読に青春を捧げました。

この年になるまで、ウィトゲンシュタインだけでなく、いろいろな哲学にはまりました。メルロ＝ポンティという人にも、こんなに柔らかい哲学があるのか、とはまったし、サルトルにはまったのは、訳のわからない一文に出会ったのがきっかけです。「私は私ではないところのものであり、私であるところのものではない」と言うんです。哲学の沼にズブズブにはまって出られなくなって、今の今まで、言語や哲学について考えて続けているというわけです。

小林　まだ「沼」から出ていないですか?

井原　出ていないです。沼はもしかしたら、考えれば考えるほど、どんどん深くなっていくのかもしれない。

小林　そうやって、むしろ「沼」にはまりたいのかもしれませんね(笑)。

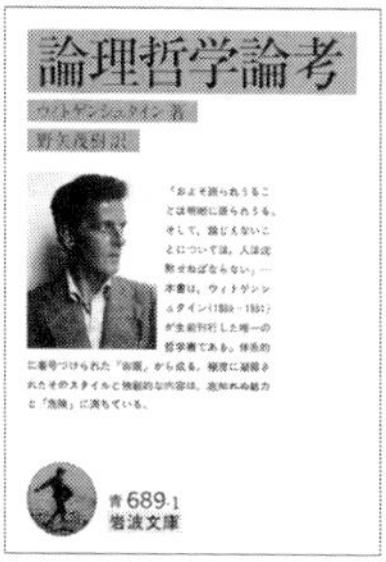

自分の不幸という問題

ありがとうございました。

さあ、このお話をわたしはどう受けるか。井原先生のお話にあった一九八〇年四月、サルトルが死んだ時、わたしはパリに留学中でしたね。サルトルが死んで大騒ぎになっているのは知っていましたが、なぜかまったく心は動かなかった。結構、たくさんサルトルを読んでいるのにです。むしろ同じ頃に、記号学者のロラン・バルトが交通事故で死ぬのですが、そちらの方がはるかに衝撃的だった。

わたしもフランスの哲学との関わりは、サルトルとメルロ＝ポンティから出発しています。にもかかわらず、常にわたしはどこかアンチ・サルトルなんです。実存主義が旺盛だった当時、小説家のサルトル対アルベール・カミュ、という対立軸ができていました。「革命か反抗か」なんですけど、わたしはいつでもカミュと同じく「反抗」のポジションを取ってきた。カミュが好きでしたね。

ウィトゲンシュタインには、はまったというよりは、衝撃を受けました。井原先生と同じく『論理哲学論考』にです。お話にありましたが、この本には命題がずらっと並んでいるんです。「世界は事象の総体である」というのから始まって、最後の命題7では、「語り得ぬものについては、沈黙せねばならない」と。

驚異でしたね。わたしは、その驚異とどう闘うかを考えていた。

彼はウィーンの裕福な家の出身で、妹から頼まれて、ストンボロー邸という建物を設計しています。わたしは、その建物を見るためにパリからウィーンにまで行きました。そのことについて後にエッセイに書いたので、それを少し読んでみます。タイトルは「治療としての建築」。

「突拍子もないことのように思われるかもしれないが、今世紀の哲学者のなかで、ウィトゲンシュタインほど真剣に「幸福」について考えた者はいない。通常、論理実証主義というレッテルを貼られる彼の著作は、確かに厳密に論理的な、形式的なものであるのだが、しかし『論理哲学論考』のもとになった一九一四年から一六年の間の草稿を一読してみればすぐに了解されるように、論理記号や論理式を扱いながらも、しかしかれの思考は、ある意味では、一貫して「幸福」という恐るべき問題を解決することに集中していたのである。言うまでもなく、それは彼が途方もなく不幸であったということを意味している」（小林康夫『身体と空間』筑摩書房、一九九五年）。

ウィトゲンシュタインが『論理哲学論考』を書いたその裏には、彼が幸福について考えていた、ということがあった。つまりそれぐらい、彼は不幸だったんだ、と読み取りました。

つまり、「驚くべきことに彼は、その不幸を、いや、不幸というものを、形式的に解決してしまおうとする。すなわち幸福や不幸そのものを解決するのではなくて、もっと決定的に、それを形式的に解消させてしまうような論理哲学を構想するのである」。

その結論として、『論理哲学論考』の5.621という命題で彼は、「世界と生は一つである」と記すのです。世界と生が一つならば、幸福も不幸も入り込むことはない。私の生とこの世界が完璧に一致すれば、不幸も幸福もなくなる。そのことを論理的に結論するために、二八歳ぐらいのウィトゲンシュタインは命題の列を書いていったんです。

ウィトゲンシュタインはお金持ちの家に生まれた人だから、生活苦というような不幸に見舞われていたわけではない。それは、自分が存在していること自体が不幸だ、というような感覚です。ウィトゲンシュタインは世界がどうあるかではなく、自分の不幸という問題こそを、論理的に解決しようとしたのです。

ウィトゲンシュタイン『論理哲学論考』との闘い

同じことがストンボロー邸という建物の建築にも表れています。極めて厳格でストイックな設計です。内と外を区別するところに設けられた一つの扉、そこにだけ独自に作った形式的な比率を貫き通すのです。

「忘れてならないのは、このような厳格でストイックな形式の現存が、おそらくは人間の不条理な、しばしば不幸な生をより深いパースペクティブのもとに置いたであろうということだ。それ自体としては厳しいだけのこの建築は、しかし――想像してみよう！――ガラス戸の向こう側を、一個の人影が通り過ぎ、一個のシルエットが歩いてくるだけで、突然に、その一個の生の像にけっして他では見出すことのできない神々しいばかりの深さを与えるであろう。沈黙の厳しさが、一瞬、美しさに転化するのであり、そこでこそこの建築がみずからに与えた使命が果たされるのである」。

このようにウィトゲンシュタインは、わたしにも取りつきました。さらにオブセッションは続きます。『論理哲学論考』に対して、何とか仕返ししよう、とわたしは思った。『論理哲学論考』では1から始まって2、3、4、5、6、7と論理の梯子を上っていきます。

ところが7まで辿り着いたら、梯子を捨てなさいとある。つまり論理はどうでもいい。7に到達することだけが目的だということです。梯子を上っていってたどり着いたら、積み上げてきた思考を捨てなさい、その役割は終ったのだからと書かれている。このことがずっと心に引っかかっていました。

今から十年ぐらい前、ある詩の雑誌から何か書いてほしいと依頼がきたことがあります。ちょうどフランクフルトでシンポジウムがあったこともあり、ドイツ語圏に向っていた刺激があったかもしれません。ウィトゲンシュタインがわたしの中に戻ってきたんです。そして、『論理哲学論考』に対して「詩的哲学論考」をぶつけてやろう、と思った。わたしは7から始めて、彼が書いた命題を全部ひっくり返していきました。つまり、梯子をどんどん降りていくという詩を書いたのです。

「こうして沈黙へと上ってきたのだが、今や降りていかなければならない。いつまでもここに留まり続けることができないのだから。それにここでは本当に何も起こらないのだから。地上へと降りていく。まるで世界へ降りていくように。だがどんな梯子も上るより降りる方がはるかに難しく、危険である。いつ落ちるかわからない。上るときはわずかでも前に進んでいくのだが、降りるときは前を見ながら、ひたすら後退していくだけ。見えない空中に足を下ろさなければならない」。

これでなんとか、『論理哲学論考』から受けたトラウマに対して、ウィトゲンシュタインに一矢報いたつもりです。このように、わたしは一貫して、ウィトゲンシュタインが打ち立てた独自の哲学を、なによりもかれの「不幸」「孤独」から出発して考えようとしたわけです。哲学はそれぞれの特異な実存にこそ根ざしているということですね。

はい、井原先生とお会いしたことを機会に、わたしにとってのウィトゲンシュタインを少しばかりお話ししてみたいと思ったことが、今回の最初の対話となりました。

二〇世紀に、人間は言語を発見した

今のウィトゲンシュタインの話で決定的なのは、それが「言語」で書かれているということです。ウィトゲンシュタインは、『論理哲学論考』で全ての問題を解決した、もう悩むことは一切ない、哲学は終わりだと思い、実際に哲学を捨てて、小学校の先生になります。園丁をしていたこともあったらしい。哲学をポンと捨てて別の仕事に就く。なんて素晴らしい！　わたしはそのことにこそ感動します。自分が見出した真理に忠実に、人生の大きな変化を引き受けることができる。彼は本当に、哲学を生きていたのだと思います。

ところがある時、ウィトゲンシュタインは気づいてしまった。『論理哲学論考』という本は、「世界は事象の総体である」という前提に依拠して真理が導きだされています。でも言語とは本当に、できごとの正確な像であり得るのだろうか？　ウィトゲンシュタインは、それまで完璧にわかったと思ったことが、急にわからなくなってしまう。

たとえば、「赤」が示すのは何か。わたしにとっての「赤」と、あなたにとっての「赤」は、果たして同じなのだろうか。日本人にとっての「赤」と、イギリス人にとってのRedは同じだろうか。言葉では、すべてを明確に捉えることはできないのではないか。つまり『論理哲学論考』は、もしかして失敗しているんじゃないか。

そんなことを思ったのかどうか。その後ウィトゲンシュタインは、言葉というものについて一生をかけて考え続けます。今度は『論理哲学論考』のように、命題をたくさん並べるのではなく、言葉というものの中に身を投じる。論理を超えてしまうような、言葉というもののあやうさにどんどん巻き込まれていくんです。

極端に言えば、二〇世紀の人間にとって最も大きな挑戦とは「言語」だった。よく冗談で言うのだけど、二〇世紀に、人間は言語を発見し、た、ん、です（笑）。言語というものが、どれぐらい我々の世界を作っているのか。しかし、それでも、言語はこの世界と完全に一致しているわけではない。そこにはズレがある。『論理哲学論考』でウィトゲンシュタインが言ったようなかたちで、生と世界は一致などしていない。むしろその間に言語があるために、生と世界は一致せず、ずれる。

昔から、哲学者は言語を使ってきました。言語は道具のように使えるものだと思ってきたんですね。ところが二〇世紀にソシュールの言語学が誕生し、その影響で二〇世紀の哲学は大混乱に陥った。みながどこかで必ず、言語の問題について考えざるを得ないところに追い詰められたんです。わたしの「赤」と、彼の「赤」とは同じなの？違うの？　言語で導き出された真理は、いったい誰にとっての「真理」なの？と。

第13講

われあり、ゆえにわたしはわたしが誰であるかはわからない

一九世紀の西洋哲学では、ヘーゲルを筆頭に「歴史」が発見されました。フランス革命が起ったことで、歴史とは過去のデータの蓄積のみではなく、それを引き受けた上で、我々一人一人が歴史を生き、前へ進めているのだと考えたんです。

そして二〇世紀には、言語は単なる哲学にとっての道具ではなく、これこそが世界を作り上げているのだと気づく。しかも、それはそれを使う人間が一〇〇％コントロールできるものではない。その事実に気付いて、哲学は大混乱に陥ったのです。

さて続く二一世紀はどうか。「デジタルですよ」と、こうくるのでしょうか。情報で統御すれば万事ＯＫ。「言語」、「言語」と騒がずに、イメージも全てデジタルに落としこんで、情報で押していけばいい。そういうデジタルの波が、二一世紀の哲学者に襲いかかってきています。

テクノロジーによって今や、髪の毛一本あれば遺伝子分析ができる。そのデータがあれば、ひょっとしたら小林康夫のアバターがいくらでも再生できるかもしれないところまできています。わたしは『存在とは何か』なんて本を書いたけれど、そんなもの必要ない、情報だけで存在を表せる。いや、つくれる。そういう時代に突入しているわけです。その時、哲学者が長い長い間それについて考え続けてきた「存在」というものと「情報」は、クロスするのかしないのか。どのようにクロスするのか。

これは、大問題です。

「言語哲学」というものはありますが、「情報哲学」は可能なのでしょうか。もはや人間の頭では、「情報」という問題自体を扱うことができないかもしれない。今後はChatGPT哲学が主流となり、「情報哲学を作れ」と一言命じれば、瞬時にでき上がってくるのかもしれません。

そうした流れに何とか対抗するために、この期に及んでも譲れないのが「存在」なんだ、それがわたしの立場です。小林康夫という人間のすべてをデータで示せる時代が来ても、この「わたし」がここにこうして存在しているという事実には、情報には置き換えられない何かがあるはず。譲り渡せないものがあるはず、と思いたい。今、わたしとあなたたちは向き合っています。そのわたしとあなたたちの存在は、決して「情報」に一〇〇％還元できるものではない。そういう「わたし」が存在していることに賭けたい。哲学というものを、存在を守る思考の実践として位置づけたいのです。

だから、先ほど井原先生が挙げたサルトルの言葉と、わたしが言っていることは近いのではないかと思います。わたしはわたしが誰であるかわからないからこそ、そこに「わたし」というものの存在がある、という方向に思考を進めたい。「われあり、ゆえにわたしはわたしが誰であるかはわからない」というところに実存の核を求め、哲学的な思考を働かせていくことになるのではないかと思っています。

数学・物理学と自然言語に橋を架ける

存在という問題を、今の時代にどのように受け止めることができるのか。『存在とは何か』では、そのことを真面目に考えようとしています。

ポイントはたった一つです。存在について言葉のみでどれだけ考えて論理を練り上げたところで、それはわたしの思考でしかないですよね。妄想とどこが違うんでしょうか。根拠はどこにあるんでしょうか。そう切り捨てられる可能性があります。つまり自然言語とは別のものをもってきて、わたしの考えがデタラメではないと証明する必要がある。それには、数学と物理学をもってくるしかないと思いました。

f＝maで表されるニュートンの運動方程式は、質量と加速度によって力が決まるというものです。この方程式のどこにも「わたし」は入っていない。それなのに、物を投げたらどのように動くのか正確に示せてしまう。この方程式があるからこそ、世界各国が月面や衛星の上に正確にロケットを飛ばし、惑星探査できるわけです。この宇宙を方程式で計算することが人類にはできる。それは自然言語で「考えた」ことではない。

人間の思いや意味を排除した数式を基盤に哲学をやらないと、どれだけ言語を駆使しても、一個人の頭で考えただけ、妄想と変わらないということになってしまう。そのことを、十数年考え続けていました。数理的な世界と、自然言語の人間的な思考との間に、どうにかして橋を架けたいと。

イマジナリーな世界をいかに根拠づけるか

結論を言えば、一九世紀の数学者ハミルトンが、複素数を拡張しようとして発見したということになっている四元数、これが使えるのではないかと、ひらめきました。複素数はa＋biです。ハミルトンはこの二元を三元に拡張しようと試みましたが、数学的に成り立たなかった。ところが、a＋

bi＋cj＋dkと四元数にすると、成立することがわかったのです。

複素数の拡張だけで言えば、八元数というのも成立するのですが、その場合、実数と虚数の組み合わせにはならず、すべてが虚数か、すべてが実数の組になる。実数と虚数の複素数的組み合わせで成立可能なのは、a＋bi以外には四元数しかない。bi、cj、dkという三つの虚数を含み、四元数は成立するのです。

そのことを知った時、この四元数をうまく使えば我々の実世界以外に、虚の世界についても考えることができるのではないかと思いました。我々は、実の世界と虚の世界とを二つ重ね合わせるような形で、それらが交差するような仕方で、生きているのではないか。

ところが、これまでのヨーロッパ近代の思想では、実だけを考えようとして、虚を抑えつけていたのかもしれない。

虚数とは、イマジナリー・ナンバーです。みなさんが日々心を動かしているものを思い起こしてみてください。漫画、テレビ、あるいはYouTube、すべての文化にリアルだけでなく、ファンタジーが組み込まれていますよね。

人はリアルだけで生きているわけではない。宗教もそうですよね。神様、仏様、菩薩様……実証不可能です。神社に行けば、会える神様がいて、握手してくれるなんてことはない。でもみんな、その存在をどこかで信じて、柏手を打つわけです。

古代から人間は、イマジナリーな世界とリアルな世界を両方受け入れながら、混乱もせずに生きてきました。そして現代において人はむしろ一層、イマジナリーな世界にズブズブにはまっているのではないか。科学によって隅々まで解明されたリアルな世界に生きているにもかかわらず、むしろイマジナリー・ワールドを求めているんです。

人類の「存在」を守る希望

ひょっとしたらそうしたイマジナリーな世界ですら、数学的に根拠付けることができるかもしれない。哲学的思考で真理を言葉にするのではなく、数学が準備してくれているものを根底に置き、自然言語を用いて解釈することで、新しく世界を理解し直すことができるのではないか。プラトンは「善」(アガトン)について語りました。でもアガトンは見えない。方程式はない。コンセプトやアイデアを、自然言語で処理するのではなく、ベースを数学や物理学に依ってはどうか。それを「情報」に対して抵抗する根拠にできないか。

数学や物理学では、これまでの人類がとうてい考えられなかったような事実が証明され始めています。たとえばエンタングルメント(量子もつれ)とは、二つの粒子的存在が、時空を超えて繋がっていることを、量子力学によって証明したものです。何億光年離れた場所にある、こちら側の素粒子のある情報がゲットされると、あちらの素粒子の情報も時空を超えて決定されてしまう。いかなる情報の伝達もないのにそういうことが起こる。それは存在が繋がっているからだと。

自然言語から出発して、二つの存在は時空を超えて繋がっている、などと言ったところで、世迷言だと切り捨てられます。しかし、そのような「存在」というものの不思議の可能性を、物理学が証明している。

『存在とは何か』の中では、ハミルトンの四元数と確率論的なシュレーディンガーの波動方程式を引用しています。ウィトゲンシュタインと同時期に、物理学は物体は「粒子」と「波動」と両方の確率的な存在様態をもっていることを示しました。これはひょっとしたら、ハイデガーが思考した「存在」と「存在者」の区別に通じることを物理学的に示しているのではないか。ならば、シュレーディンガーの波動方程式とハイデガーの理論を併せて考えることができないか。

文系と理系を分断するのではなく、哲学者は、数学や物理学がこの二〇〇年の間に発展させてきた、我々の常識を超えるような世界の像を受け止めた上で考える必要がある。そこにしか哲学が、人類の「存在」を守る希望はない。それこそ、小さな遠い星の「希望」として、老いたフィロゾファーであるわたしが、どうしても伝えたいことだったんです。

哲学とは、夢を語るもの

『存在とは何か』という本を書き上げて、その先に今、考えているのは、「われわれ」とは何か、ということです。「わたし」の存在については、わたしなりに、ある程度考え尽くせたと思いますが、人間社会では「わたし」は常に、ほかの誰かとの関係においてあります。物理的にわたしが一人であったとしても、もう一人の鏡のようなわたしがいます。

皆さんも、自分がどういうイメージとして存在しているかを意識していますよね。電車の窓に映る自分とか、周囲にどう見られているのかとか、常に自分のイマジナリーな像をチェックしているのではないでしょうか。誰もが自分と、自分の虚像とを抱えて生きている。それが場合によっては、自分のイマジナリーな像に閉じ込められる感じが、苦しかったりもしますよね。そういう面でも、我々の存在の根本にイマジナリーはつきまとっているわけです。

「わたし」から「われわれ」へ。そこから新たに、次の人類の基盤となるような、単純に情報に巻き込まれないようなものを構築する必要があると思っています。AIはすべてを計算の「量」でこなしているため、そのエネルギー消費量は膨大です。それに比べてわれわれの頭は、実はとてもエコノミックにできている。それをどううまく使うかで、情報・テクノロジー社会の中でも、自分の存在だけでなく、他者の存在も大事にすることができるでしょう。それはきっと、究極では「愛」というものにも繋がっていくはず。そういう道を見出していきたいんです。

繰り返しになりますが、自然科学がもたらした驚くべき成果をもとに、人間の根本的存在のあり方を捉え直していくべきだ、というのがわたしの今の「希望」なんです。

哲学とは、夢を語るものなのです。

◉質疑応答

Q1 「無」という言葉や概念を使わずに、存在について伝えることができると思いますか。

存在という言葉は、これまで必ず「無」という概念と対立させられてきました。

サルトルの著書などは、そのまま『**存在と無**』ですね。二項対立なのは、言語を用いているからです。善悪、有無、高低……自然言語は二元的にできています。だから、存在を考えるときに、今までの人類は必ず「無」を考えた。でもわたしが試みたように、ハミルトンの四元数を使うことで、存在と無が対立する概念としてあるのではなく、四つの次元が交錯する真ん中が「無」だということになる。AとBの対立ではなく、わたしという存在が様々な次元と交錯していく、その原点が「無」だと考えることができる。存在と無という二元論的拘束から離れて、「無」をもっと豊かに使い直すような解釈ができないか、と思ったわけです。

Q2 日本語とヨーロッパの言語では、視点が違う気がします。たとえば日本語は主観的というのか、主語がないとよく言われる。言語によって自己認識の違いはあると思いますか。

あると思います。今あなたが言ったことは、極めて重要です。特に日本人にとって重要だと思う。日本語は主語がないだけでなく、「～ですよ」「～ですわ」「～だろ」など、語尾の変化に特徴があります。これは主語となる人間の特徴というよりは、話し相手との関係性の中で、明示されてくるものです。主－述関係が軸にあるのではなく、発話者と他者（聞き手）との共－関係が軸となっている。英語では、そうした関係性が強く言語化されることはあまりありません。

だから、ある意味では日本語には「わたし」ではなく、「われわれ」の関係が表れている。日本語は主語中心ではなく、対話者との関係性に重点がある言語だと思います。そのことは日本社会の様々なところに影響を与えている。日本社会での自己の作られ方は、他の言語をもつ国とは、違うでしょう。フランス語と英語でも大きな違いがある。このことは、それぞれの哲学の根本的な思考に大きく影響しています。

Q3 『若い人のための10冊の本』（筑摩書房）**で共感したのは、「人は本質的に、根源的に、孤独である」という文章です。わたしの考えを一〇〇%わかってくれる人はこの世に存在しない。それがとても孤独だなと思うのですが、それをどうやって乗り越えたらいいのか教えてください。**

難しいよね。でも自分の考えが、誰かに理解されないから孤独だというのは、それはまだ人間関係の中での孤独だよね。わたしが書いたのは、それもあるけれど、世界にわたししかいない、という感覚。哲学のような思考を深く掘っていく時、存在というものを降りていく時に、社会の中にone of themとしてあるのではなく、わたしがこの世界の中で真に一人である、ということにぶつかります。友だちがわかってくれない寂しさではなくて、この世界にわたししかいないんだ、という寂しさ。

周りに人はいます。でもそれぞれが一人一人としてある。その前提の上でどのようにして、孤独な人と人が繋がったり、通じ合ったりすることができるのか。

「自分の思いが伝わらない」ということに、心を痛めなくていいんです。伝わらなくていい。それが自分にとって大事であればいい。人から「あなたの言うことはよくわかる」と言ってもらうことは、さほど大事ではありません。あなたは今この瞬間に、こういう思いをもって生きていこうとしている。それはあなただけの思考だから、友達にシェアされなくていい。シェアしなくてはいけないと思うから、つらくなる。自分にとって大事なものは、友人でも簡単にわかり合わなくていい。譲らなくていい。でもそれは、人を排除して閉じこもるということではありません。大事なものをもっているから、自分が大事だとわかっているからこそ、自分を守り続け、どんな花が咲くのかを見続けながら、同時に他の存在についてもわかろうとすることができる。大事なものを守っているからこそ、コミュニケーションできる。誰もが他の人にはシェアできない自分をもっている、それこそが大事なのだと思います。

★こばやし・やすお＝東京大学名誉教授・表象文化論・現代哲学。著書に『存在とは何か〈私〉という神秘』『クリスチャンにささやく　現代アート論集』『若い人のための10冊の本』『君自身の哲学へ』『表象文化論講義　絵画の冒険』、船曳建夫との共編に『知の技法　東京大学教養学部「基礎演習」テキスト』など。一九五〇年生まれ。

読書案内

▼二人が衝撃を受けた哲学書

ウィトゲンシュタイン『論理哲学論考』野矢茂樹訳、岩波書店、二〇〇三年

▼今という時代に「存在」を考える

小林康夫『存在とは何か　〈私〉という神秘』ＰＨＰ研究所、二〇二三年

第14講◉

石牟礼道子『苦海浄土』を読む

2023年6月29日　西南学院大学

木村友祐　作家

◉講義には、「水俣・福岡展」（福岡アジア美術館、2023年10月7日〜11月14日、主催：認定NPO法人 水俣フォーラム）にサポーターとして関わる学生が中心となって参加した。後半では、学生が『苦海浄土』の中で自身にとって印象的な部分を朗読し、木村さんと考察を深めていった。その様子を抜粋し、レポート形式でお伝えする。（編集部）

瑞々しい文章で綴られる哀しみの極み

石牟礼道子『苦海浄土』（講談社）は、木村さんにとって「人生を明らかに変えた一冊」だという。三十代の頃、大学時代に小説指導を受けた恩師に、石牟礼さんのサインの入った初版を貸してもらったことが、『苦海浄土』と出会うきっかけだった。

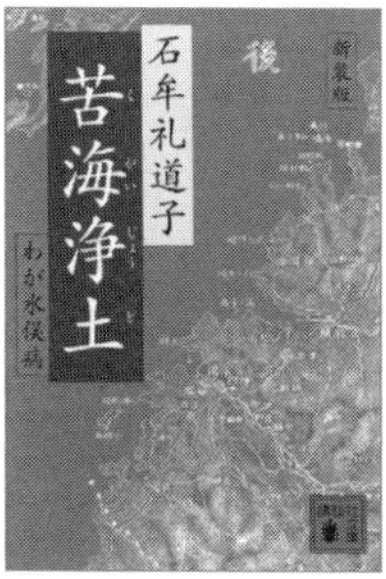

せっかく初版を貸してもらったのですが、実は、手にしてすぐには読み始めることができませんでした。

水俣病のことを描いているからには、重たい内容に違いない。しかも、初版本の写真には地面がひび割れたような写真が使われていて、黒い帯には白文字でこう書かれていた。「全マスコミ絶賛！　現代日本の恥部を抉る話題の傑作ノンフィクション！　公害を告発する注目の書」。

おどろおどろしい装丁もあいまって、はっきり言えば、読むのが少し怖いという気持ちもありました。

一九六九年に刊行された『苦海浄土』は、二〇一八年に亡くなった石牟礼さんの代表作のひとつ。水俣病（工場廃液に含まれていたメチル水銀によって海や河川が汚染され発生した公害病）の患者の聞き取りをもとに書かれた。『苦海浄土』について、文庫版のあとがきを執筆した渡辺京二さんは「石牟礼道子の私小説である」と述べており、木村さんも「フィクションとノンフィクション、二つのジャンルが融合したようなちょっと不思議な作品」と紹介する。

とはいえ、借りたなら読まねばと覚悟を決めて、ページを開きました。そこで、本当に衝撃を受けたんです。『苦海浄土』の文章は、ノンフィクションやルポルタージュに対して抱くイメージ……事実を積み上げて書かれたものとは、印象が違っていた。

まず、何よりも文章が瑞々しい。書かれている内容は悲惨で、加害企業のチッソの社員だけでなく、国の役人までが水俣病の患者に対して非人間的な対応を取る。合間に挿入された議事録などは、まさにその態度を示していると思います。こんな不条理があるのかと怒りが湧いてくる一方で、患者さんを描く文章は活き活きとしていて、どことなくおかしみもある。それゆえかえって、患者さんの置かれている理不尽極まる状況がまざまざと浮かんできて、心の底から激しく揺さぶられました。

たとえば、水俣病患者の坂上ゆき（仮名）の語りで進む第三章「ゆき女きき書」。本当のゆきさんは口がもつれて、話を聞き取るのも難しかったでしょう。でも、石牟礼さんは彼女の心を代弁するかのように記していきます。海で捕まえた蛸の愛おしさが伝わってくる場面をはじめ、心に染み入る情景が瑞々しい筆致で綴られます。ただ、それらの情景が語られる背景には、やっぱり悲惨さと滑稽さが背中合わせになった、哀しみの極みとでもいうべきものがあるんですね。

方言と向き合うこと

さらに木村さんは、『苦海浄土』の方言の記述にも衝撃を受けたという。『苦海浄土』の語りの多くは、天草・水俣の言葉で描かれる。「方言だからこそ、伝わる心の機微がある」。そう気がついた木村さんは、自分も方言で作品を書きたいと考えるようになった。

僕の出身地は、青森県八戸市です。この地域では、津軽弁ではなく南部弁を話します。大学で東京に出て来た僕は、いわゆる東北弁を口に出すのが、とっても恥ずかしかったんですね。誰に何を言われたわけでもないのに、絶対に訛りを出してはいけないと、なぜか思い込んでしまっていた。人と話すときは、自分の中で一度発音をシミュレーションして、それからようやく、たどたどしい標準語もどきで喋っていました。

結局、周りの人が話しているイントネーションをなんとなく覚えて、自己流で身につけたそれっぽい「標準語」を今もこうして喋っています。とにかく、自分が生まれた土地の言葉を話すのが恥ずかしいと考えていた僕は、『苦海浄土』を読んだときに初めて、「方言っていいな」と思えたんです。

その後、長期休暇か何かで田舎に帰省したときのことです。当然、家族とは地元の言葉で会話をしますよね。そのとき、自分の気持ちが非常に活き活きと、のびのびとしていることに気がつきました。訛らないよう常に意識しながら話すということは、体だけではなく心にも枷を嵌めていること。言葉の不自由さは心身を拘束されているようなもので、それによる窮屈さを感じていることに、ハッとしました。

なぜ、方言を使わないようにしていたのか――。「東京の時間に自分の時間を合わせなければと、必死に思い込んでいたんです」。政治、文化、経済……最先端の東京の時間に合わせれば、間違いはない。いつの間にか、東京以外の時間は重要視しなくていいという根拠のないランク付けが、自分の中で行われていたと木村さんは話す。

でも、そんなことはないですよね。とても不遜な言い方になってしまうけれど、僕の地元にも人の暮らしがあって、日々の喜怒哀楽がある。そこに優劣なんかつけられるわけがない。ようやく、そのことに気づいたんですね。

どうして自分は、東京が上で地方は下と見てしまっていたのか。『苦海浄土』に出会い、そうした疑問を持ったことが出発点となって、

僕はデビュー作『**海猫ツリーハウス**』（集英社）を書きました。舞台は郷里の八戸です。地元で話されている言葉をなるべく忠実に、聞こえるままに書きました。その土地の言葉を使うというのは、「ここにも我々はいるぞ」と宣言するための、ひとつの方法だと思ったからです。

流れる複数の時間「たち」

今まで自分が信じ込んでいた価値観。それを疑う視点を『苦海浄土』から学んだと、木村さんは続ける。世の中で、普通や当たり前とされている支配的な基準は、何を持って決められているのか。「日本には東京を起点にしたひとつの時間しか流れていない」と、思い込もうとしていた木村さん。しかし、『苦海浄土』と出会ったことで、あらゆる場所に流れる「複数の時間」を意識するようになったという。

第14講

どんな場所にも、同じように大事な時間が流れている。それら複数の時間のことを思うと、いろいろな場所にも目が向くようになりました。たとえば、〝中心〟となる場所から外れている人の存在を、さまざまな方法で苦しめる構図。この国に暮らしているのは、日本人だけではありませんよね。外国籍や外国ルーツの人たちもいて、その人にはその人の見ている世界と暮らしがある。家族の繋がりがあるんです。もっと広く言えば、人間以外の生き物たちにも見ている世界があって、同じだけの時間が流れています。それぞれが見て、生きている世界に、どちらが上か下かなんて価値判断を持ち込めるわけがない。そんなランクづけには根拠がないというのが、僕が世界を見るときの柱になっています。

僕が入管法改悪に反対しているのも、この考えがあるからです。詳しく話すと長くなってしまうので、入管法改悪の詳細は調べてみてください。日本で暮らしているみなさんと、無関係の問題ではありません。

ただひとつ、どうしても言っておきたいことがあります。在留資格のない外国人はどのように扱ってもいいというのは、絶対におかしいということです。こういうことを言うと、法を盾にする人が出てきます。在留資格を持っていないのに日本にいる方が悪いのだ、と。でも、法やルールから逸脱せざるをえなかった人には、その事情などおかまいなしに何をしてもいいのか。そんなはずがないですよね。法があるから命があるのではなく、法よりも前に命がある。僕はそのように考えています。

意見交換

その後、講義は木村さんと参加者との意見交換の時間へと移った。学生たちは『苦海浄土』の中で気になった部分を読みあげた後、自身の考察を述べ、議論を深めていった

――私が印象に残ったのは、「第五章　地の魚」の「草の親」です。水俣病患者である杉原家の次女ゆりちゃんの前で、ご両親が会話している場面。お母さんは、ゆりちゃんにはもう魂が宿っていないのかと嘆く。

「神さんに心のあるならば、あの衆《し》たちもみいんな水俣病にならっせばよかもねな」

「――――」

「あの衆たちはいいよらす。

――ゆりちゃん、まあ、やっぱりわからんかい。ほうほう、美しか眸はあけたまんま。ゆりちゃん何年ねむっとるかいねえもう。あんたあんきでよかねえ。娑婆《しゃば》のことはなあんも知らんずく。ねむったまんまでよか娘にきゃあなって、ほんにほんにこのひとの器量のよさ。精のなか所がかえって美しか。おなごは器量で銭をとるちゅうて、昔のひとのいわしたが、ほんにこのひとは寝えとって、器量で銭とらす。

いつも新聞雑誌にのせてもろうてスターよな。親孝行者ばい、全国各地から供え物の来て。千羽鶴のなんの来て。弁天さまじゃなあ、ゆりちゃん。ゆりちゃん家《げ》はほんによか倉の立つよ――。

そういう風にいいよらす。あの衆たちも、みいんな水俣病になってしまや、よかろうばい」

［中略］

「ただの病気で、寿命で死ぬものならば、魂は仏さんの引きとってやらすというけれど、ユーキ水銀で溶けてしもうた魂ちゅうもんは、誰が引き取ってくるるもんじゃろか。会社が引きとってくれたもんじゃろか？」

お父さんに「もうやめろ」と何度か言われても、お母さんの言葉は止まらない。ゆりちゃんへの愛情と不安や恐怖、諦めの感情が混ざり合った本音だと思います。それが心に重く残りました。

木村　娘のどこに、人としての魂を感じればいいのか分からない。患者の親となった人たちの、逃れようのない現実を記した場面だと思います。朗読箇所の少し前で、「うちは草木の親じゃ」という本当に際どい表現が登場しますよね。お母さんの言葉の場面は、すごくえぐいところを描いている。

今の世の中は、役に立つ／立たないで、人の命の価値を判断する見方がどんどん強まっていると思います。ゆりちゃんの母親は、そんな価値判断には乗らないまでも、その別れ道でギリギリ踏みとどまっている気がします。反応が見出せない、でも、間違いなく生きている子どもを前に、私たちはその命をどう受け止めるのか。そこまで踏み込んで問いかけてくる章です。

――抽象的な感想になりますが、『苦海浄土』を読むと、患者さんたちの存在や石牟礼さんの表現・描写が、自分には受け止める間もなく迫って来る感覚になります。中でも、「第七章　昭和四十三年」の「水俣病対策市民会議」に記された、坂上ゆきさんの詩のような一節です。

水俣の、あんたんとこに、嫁入りして来さえせんば、
月のものまで、あんたにしまつさせるよな、こういう体にゃならだった。
天草に、もどしてもらお、
もとのからぁだに、して、もどせえ。
そういってゆき女は壁をたたく。自分の胸をたたく。
あれはにせ気ちがいじゃと、ねむられぬ病棟の者たちがいう。
ゆき女は歩く。
そこから放れようとして歩き出す。それはあの、踊り、である。
生まれた、ときから、気ちがい、で、ございました。
そうつぶやく。そしてばったりひっくりかえる。
ここは、奈落の底でござすばい。
墜ちてきてみろ、みんな。
墜ちてきるみゃ。
ひとりなりととんでみろ、ここまではとびきるみゃ。
ふん、正気どもが。
ペッと彼女は唾を吐く、天上へむけて。
なんとここはわたしひとりの奈落世界じゃ。
ああ、いまわたしは墜ちよるとばい、助けてくれい、だれか。
つかまるものはなんもなか。

経済発展のために、自分という存在が社会から置き去りにされていく。その中で、忘れないで欲しい、表現したいという気持ちが痛切に感

じられる一節です。

私は水俣展に関わらせていただいているので、患者さんのお話を実際に聞きに行ったり、自分からアプローチをして、水俣病のことを理解していきたいと思っていました。でも、『苦海浄土』を読むと、「水俣病を理解する」っていう考え方自体がずれていたのではないかと、悩むようになった。一方で、そう思うことができたということは、ようやくこれから、水俣病に向き合う準備ができたのかもしれないとも感じています。

木村　当事者――そこで苦しんでいる人に近づけば近づくほど、そうではない自分との溝を感じざるを得ないですよね。もちろん他人事ではないし、関係があるから関わろうと思うのですが、何をすべきか分からない。僕自身、今もずっと悩みながら小説を書こうとしています。

多分、『苦海浄土』を書いたときの石牟礼さんは、これは文学だとか、これを書くことこそが作家であるとかは、思っていなかったのではないか。後から考える者は、たとえば渡辺京二さんが解説で書いているように、石牟礼さんが患者を通して、患者と同じ孤独に追いやられた自分の姿を書くことができる、そういう風に題材を見出した、と言えるかもしれません。でも、執筆中の石牟礼さんはそんなことは考えず、目の前にいる患者のことを必死になって書いたように感じます。

石牟礼さんの著作から僕が学んだもうひとつは、「関わっていくこと」でした。日本の文学業界は、今でも社会的・政治的なことにはなかなか触れないし、触れようとしません。最近亡くなられた大江健三郎さんなどは、やはり異色の方だった。

でも、そんな文学業界の風潮なんか関係ないんです。関わらなければならない人や問題に出会ったら、まずは人としてきちんとそのことに向き合っていく。石牟礼さんが水俣病の患者さんたちと関わってきたという先例があるので、僕も入管法改悪反対のデモに参加したり、ＳＮＳで写真とともに意見を述べたりしています。たまに、肝心の小説を書かないで運動参加ばかりしてていいのかと不安になることもありますけれどね……。

世の中を見る精度を高めながら

学生たちとの対話を終えた木村さんは、最後に次のようにメッセージを送った。

みなさんは『苦海浄土』を、水俣病事件のことを知ってしまった。それによって世界を見る目は重層的になり、考え方にもより深みが出てくると思います。それは豊かなことですが、同時にある部分では、苦しみを抱えることでもあるかもしれません。どうしてこんなに理不尽なことが起きて、今でも同じことが繰り返されるのかと怒ったり悲しくなったり、苦しくなるかもしれない。その苦しみは引き受けていくべきことだけれど、かと言って四六時中ずっと苦しみ続ける必要はないと、伝えておきます。

当事者ではないから関わらない、と安易に自他のつながりを断ち切って解答を出すのは間違っています。が、どうしたって、当事者になれない問題はある。当事者にはなれないもどかしさを抱え込んで、当事者と同じように苦しみ続けなければならないと思いつめてしまうと、やがてどこかで燃え尽きて関わることを続けられなくなってしまうでしょう。

そうならないよう、何か困ったときは大学の先生や同級生、先輩に相談してみてください。もしくは、ふと手に取った本。そこに、自分だけの答えになるような何かが書いてあるかもしれません。今、何が起きているのか。自分はどんな世界にいるのか。世の中を見る精度を高めながら、みなさんがよりよい人生を歩むことを願っています。

★きむら・ゆうすけ＝作家。二〇〇九年『海猫ツリーハウス』で第三三回すばる文学賞を受賞しデビュー。著書に『聖地Cs』『イサの氾濫』『野良ビトたちの燃え上がる肖像』『幸福な水夫』など。一九七〇年生まれ。

読書案内

▼講義で中心に扱った本

石牟礼道子『新装版　苦海浄土　わが水俣病』講談社、二〇〇四年

▼木村さんのデビュー作

木村友祐『海猫ツリーハウス』集英社、二〇一〇年

ま

や

ら

わ

な

は

さ

た

人名索引

は

ま

た

な

書名索引

読書人カレッジ2023　大学生のための本の講座

二〇二四年七月一日　初版第一刷発行

著者……苅部直・渡辺祐真(スケザネ)・杉江松恋・温又柔・長崎尚志・小林エリカ・永田浩三・小林康夫・小山内園子・増田ユリヤ・小松美彦・木村友祐

発行者……明石健五

発行所……株式会社　読書人
東京都千代田区神田神保町一-三-五　〒一〇一-〇〇五一
Tel. 03 5244 5975　Fax 03 5244 5976
https://dokushojin.net/

組版……汀線社

装丁……坂野仁美

印刷・製本……モリモト印刷株式会社

使用書体：ヒラギノ明朝体＋游築五号仮名＋游ゴシック＋凸版文久見出しゴシック＋凸版文久見出し明朝＋筑紫A見出しミン＋Garamond 3 LT Std　使用アプリケーション：Adobe InDesign v19.4×64

2024 Printed in Japan　ISBN978–4–924671–66–9 C0036
落丁・乱丁本はお取り替えいたします。定価はカバーに表示しています。

狂い咲く、フーコー　京都大学人文科学研究所 人文研アカデミー『フーコー研究』出版記念シンポジウム全記録＋（プラス）

市田良彦、王寺賢太、重田園江、小泉義之、立木康介、森元庸介ほか著

新書判／208頁／1210円

2021年3月に刊行された『フーコー研究』（岩波書店）をめぐって、3月末に京都大学人文科学研究所主催で開催されたシンポジウム「狂い咲く、フーコー」の4時間半にわたる議論に、各発言者が加筆。400名にも及ぶ聴講者を集めたオンライン・シンポジウムの全記録。

田中秀臣・森永康平のN・ippon学

三浦春馬、『日本製』、文化と経済

田中秀臣、森永康平著

四六判／234頁／1980円

読書人WEBで人気の連続対談企画の単行本化。累計10万PV突破の「俳優・三浦春馬からの〈継承〉」対談を軸に、本邦初となる本格的な三浦春馬評論対談2編を収録。「三浦春馬×経済」という異色の対談をはじめとする、全6回の対話を通じて我々が知るべき本当の「日本」が見えてくる。

ジャック・デリダ「差延」を読む

森脇透青、西山雄二、宮﨑裕助、ダリン・テネフ、小川歩人著

新書判／224頁／1320円

20世紀フランス現代思想の代表的知識人ジャック・デリダ。「脱構築／ディコンストラクション」の思想とともに、現在でも広く知られるデリダが38歳の時に発表した「差延」。本書は2022年8月に行われたデリダ「差延」論文をめぐる講演と議論の全記録に、森脇をはじめとした発言者が大幅に加筆。初学者が紐解ける〈哲学入門の書〉。

世界史が苦手な娘に宗教史を教えたら東大に合格した
島田裕巳の世界宗教史入門講義

島田裕巳著

四六判／３２０頁／２６４０円

世界宗教史を理解すれば、世界の歴史の全体像が見えてくる。宗教家・島田裕巳氏の御息女は、父親の〈世界宗教史〉講義を受け、苦手な世界史を克服し、東大に現役入学を果たした。宗教史を学ぶことが、なぜ世界史テスト高得点に結びついたのか。大人の学びなおしのための一冊としても役立つ、親子二世代にわたって学べる〈世界史〉入門講義。

ジャン＝リュック・ナンシーの哲学
共同性、意味、世界

西山雄二、柿並良佑編

新書判／３８２頁／１９８０円

２０２１年に逝去したフランスの哲学者ジャン＝リュック・ナンシーの思想をめぐる学術シンポジウムの発言全記録に、大幅に加筆修正。２０２２年9月に行われたシンポジウムには、国内外から15名の研究者が参加した。幅広い領域からの発言のすべてが、ナンシーの哲学への誘いとなる。ナンシー哲学への入門書の決定版。〔詳細な年譜・文献目録付〕

経済学の冒険
ブックレビュー＆ガイド１００

塚本恭章著

四六判／６５６頁／３９６０円

経済学を学ぶための必読書１００冊をブックレビューで紹介。本書で取り上げられる一冊一冊の本が、経済学という学問分野への〈扉〉となる。また、本書そのものが、ひとつの「経済学史」である。古典から新刊書まで、翻訳の名著から日本の経済学の歴史に残る研究書まで——。様々な学派を超えて、今読むべき本を詳細に解説。

書評キャンパスat読書人２０２２

大学生と「週刊読書人」編集部編

Ａ５判ブックレット／１６０頁／１１００円

２０１７年４月より、大学生書評家育成プロジェクトとして『週刊読書人』で始まった連載『書評キャンパス』。本書は２０２２年『週刊読書人』に掲載された約50本の学生書評に加え、あの人気作家、訳者、担当編集者からのアンサーコメント、実際の添削例も掲載。読み方、書き方を学びたい、大学生、高校生、中学生、社会人にもおすすめの実用的な１冊。

プロヴォーク
中平卓馬をめぐる50年目の日記

柳本尚規著

四六判／４４０頁／３８５０円

１９６０年代末から70年代中頃にかけて、写真家、批評家として精力的に活動した中平卓馬。彼の撮る写真群は「アレ・ブレ・ボケ」と称され、当時の若者の心情と共振し話題となった。しかし中平の写真は本当に「アレ・ブレ・ボケ」だったのだろうか。中平卓馬と共に写真家となり、共に行動し、その姿を傍で見てきた一人である著者が、伝説になる前の、20代後半から30代前半の中平卓馬の姿を描く回想記。

25年後の東浩紀
『存在論的、郵便的』から『訂正可能性の哲学』へ

宮﨑裕助編著／東浩紀、大畑浩志、小川歩人、佐藤嘉幸、清水知子、檜垣立哉、森脇透青、吉松覚著

新書判／３６２頁／１６５０円

２０２３年９月に行なわれた脱構築研究会シンポジウム「25年後の『存在論的、郵便的』から『訂正可能性の哲学』へ――東浩紀氏とのディスカッション」の全記録に、加筆修正。第１部、第２部は当日の発表と質疑応答の順序をそのまま再現。第３部は『存在論的、郵便的』の解説篇として、同書を詳細に読み解く。第４部は読解篇で、編者（宮﨑）が、シンポジウムの討議を経て、あらためて『存在論的、郵便的』を読み、その論点を検討し直す。